Jörg Bartoß, Daniel Sowa

# Kinder für Jesus begeistern

## 100%ig auf dem Weg zu 80 %

**BORN**-VERLAG

## Die 100%igen Autoren des Buches

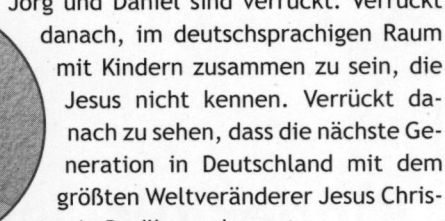

Jörg und Daniel sind verrückt. Verrückt danach, im deutschsprachigen Raum mit Kindern zusammen zu sein, die Jesus nicht kennen. Verrückt danach zu sehen, dass die nächste Generation in Deutschland mit dem größten Weltveränderer Jesus Christus in Berührung kommt.

**Jörg** ist verheiratet mit Kathrin. **Daniel** ist verheiratet mit Katrin und hat drei lebensfrohe, freche Kinder, die ihr Zuhause zu einem 24-Stunden-Abenteuer machen. Jörg und Daniel wohnen in Bad Liebenzell und sind angestellt in der Kinderzentrale der Liebenzeller Mission. Die Liebenzeller Mission ist ein Missionswerk, das angetrieben wird von dem Willen Gottes, dass alle Menschen gerettet werden und sie zur Erkenntnis der Wahrheit kommen (1. Tim 2,4).

Eine Kooperation mit

**Medien für Mitarbeiter auf www.bornverlag.de**

mit Leseproben zu allen Titeln

**BORN-NEWSLETTER** www.bornverlag.de/newsletter

 **BORN-VERLAG** auf Facebook

**Impressum**
© 2013 **BORN-VERLAG**, Kassel
im Auftrag des Deutschen Jugendverbandes „Entschieden für Christus" (EC) e. V.
Printed in Germany. All rights reserved.

*Umschlaggestaltung:* Dieter Betz Design-Kommunikation, Friolzheim
*Fotos Umschlag und Seite 1:* skynesher/iStockphoto; Cristopher Jones/Fotolia
*Fotos Inhalt:* Daniel Kallauch; Liebenzeller Mission; Michael Götz
*Lektorat:* BORN-VERLAG / Birgit Götz, Marburg
*Satz:* BORN-VERLAG / Claudia Siebert, Kassel
*Druck- und Gesamtherstellung:*
AALEXX Buchproduktion GmbH, Großburgwedel

Gedruckt auf FSC-zertifiziertem Papier.
*ISBN 978-3-87092-541-3 | Bestellnr. 182.541*

# Inhalt

Kinder für Jesus begeistern – ein Vorwort von Daniel Kallauch .................... 5
Kinder für Jesus begeistern – mit 100 % zu 80 % ........................................ 6

**Gründe, die begeistern** .............................................................................. 12
   1. Jesus ist 100 % begeistert von Kindern .............................................. 12
   2. 100 % begeistert von Gottes Wort ...................................................... 13
   3. 100 % begeistert durch und von Gott, um Kinder zu begeistern............. 15
   4. Augen/Ohren auf = Herz auf = Begeisterung an! ................................ 20

**Kinder, die begeistern** ............................................................................... 22
   1. Die drei größten Herausforderungen für Kinder in den letzten zehn Jahren ... 22
   2. Kennst du deine Kinder? ..................................................................... 28
   3. Wie ticken deine Kinder? .................................................................... 29
   4. Was brauchen deine Kinder, um sie für Jesus zu begeistern? ................ 31

**Begeistert, um zu begeistern** .................................................................... 36
   1. Gebet, das begeistert ......................................................................... 37
   2. Vorbild, das begeistert ....................................................................... 39
   3. Vorbereitung, die begeistert ............................................................... 42
   4. Begeisterte Hingabe .......................................................................... 43
   5. Kreative, begeisternde Verkündigung – das Beste der ganzen Stunde ........ 44

**Methoden, die begeistern** ........................................................................ 48
   1. Sprache – einfach, einfach, einfach! .................................................... 48
   2. Erzählen – Tipps und Tricks ................................................................ 49
   3. Von der Bibel begeistert? ................................................................... 50
   4. Vom Gebet ........................................................................................ 51
   5. Kreative Methoden, die begeistern können – eine kleine Auswahl ........ 52
      *Powerpoint-Geschichte* ....................................................................... *53*
      *Tafelbilder/Bilder/Illustrationen* ........................................................ *54*
      *Gegenstandslektionen* ....................................................................... *58*
      *Kindermitmachgeschichten* ............................................................... *59*
      *Erzählen mit Gegenständen aus der Geschichte* ................................. *59*
      *Selbst verkleiden, „Ich"-Perspektive* ................................................... *60*
      *Mitarbeiter spielen pantomimisch* ..................................................... *60*
      *Puppen/Handpuppen* ........................................................................ *60*
      *Experimente/Zaubertricks* ................................................................. *60*

*Inhalt*

## Entscheidung für Jesus, die begeistert .................................................. 62
1. 80 % entscheiden sich im Kindesalter .................................................. 62
2. Herausforderungen und Chance für dich als Mitarbeiter ....................... 63
3. Manipulation – wenn Begeisterung zu weit geht ................................... 64
4. Entscheidung für Jesus ist eine Antwort ............................................... 64
5. Formen .............................................................................................. 67
6. Gebete, die man mit den Kindern beten kann ...................................... 68

## Jüngerschaft, die begeistert gelebt wird ................................................. 70
1. Bibellesen ......................................................................................... 70
2. Gebet ................................................................................................ 70
3. Weitersagen ...................................................................................... 71

## Kindern das Evangelium praktisch erklären ............................................ 74
1. Jesus und Zachäus – Kinderstunde zu Lukas 19 ................................... 75
2. Der Kämmerer aus Äthiopien – Jungscharstunde
   zu Apostelgeschichte 8,26-40 ............................................................. 78

## Bausteine, Hilfsmittel und Ideen von und für Kinderevangelisationen ......... 84
1. Hilfsmittel ......................................................................................... 84
   *Der WE-WÜ* ..................................................................................... 84
   *Das wortlose Buch* ........................................................................... 84
   *Der Evangecube/Evangeliumswürfel* .................................................. 84
   *komm mit ...-Verteilheft* ................................................................... 85
2. Ideen ................................................................................................ 85
   *Megabaustelle* ................................................................................. 85
   *Lego-Stadt* ...................................................................................... 86
   *Kindermissionsfest* .......................................................................... 87
3. Konzepte von unterschiedlichen Kinderevangelisationen ....................... 88
   *KidZ* ............................................................................................... 88
   *komm mit* ....................................................................................... 88
   *team_ec* ......................................................................................... 90

## 100 % zum Schluss .................................................................................. 91

Links / Hinweis zu den Bibeltexten ............................................................ 92
Die KidZ (Kinderzentrale) der Liebenzeller Mission ..................................... 93

# Kinder für Jesus begeistern
## - ein Vorwort von Daniel Kallauch

Ich bin immer wieder ganz begeistert, wenn ich kleine Kinder beobachte. Sie sind so unmittelbar in ihren Reaktionen und verstellen sich nicht. Wenn es wehtut, wird geschrien, wenn es lustig ist, gelacht. Wenn sie traurig sind, weinen sie. Sie tragen ihr Herz ganz offen und ehrlich vor sich her – in ihren Augen, in ihrem Gesicht kann man es lesen. Schade, dass diese Zeit so schnell vorübergeht.

Sind wir dann endlich erwachsen und können ganz viel, müssen wir wieder lernen, wie Kinder zu vertrauen. Jesus selbst nimmt die Kleinen zum Vorbild. Umso wichtiger ist es, Kinder für Jesus zu begeistern. Gelingt es uns, eine Saat von Vertrauen, Glauben und Hoffnung in ihre weit geöffneten Herzen zu pflanzen, dann legen wir damit einen Schatz in sie hinein, aus dem sie ihr Leben lang schöpfen können. Dabei steht für mich die Annahme und Barmherzigkeit des himmlischen Vaters im Vordergrund. Er vergibt gern und schnell. Er liebt, wie das nur ein guter Vater tun kann. Er ist nicht nachtragend oder berechnend.

Neulich hörte ich von einer Studentin, die vor Prüfungen immer mit enormen Ängsten zu kämpfen hat. Sie erzählte Folgendes: Als Kind fiel ihr der neue Schulranzen versehentlich in eine schlammige Pfütze. Daraufhin musste sie ein Jahr lang ihr Taschengeld für einen neuen Ranzen sparen. So setzte sich bei ihr die Angst vor Versagen bis ins Erwachsenenalter fort.

Es ist ein Privileg, Kindern die Liebe Gottes nahebringen zu dürfen. Sie sind diejenigen, die noch geprägt werden können, da ihre Seelen noch weich und formbar sind. Die Verantwortung, die wir dabei ihnen gegenüber haben, ist hoch. Die Chance, ihr Leben entscheidend und mit der Liebe des Vaters zu durchdringen, dürfen wir uns nicht entgehen lassen.

Ich hoffe, dass sich viele Leser von der Begeisterung der beiden Autoren für Kinder anstecken lassen.

Daniel Kallauch, Januar 2013

*Daniel Kallauch ist Kindermusiker, Vogelhalter und Frohlocker mit Spaß und Herz.*
*Infos über ihn gibt es unter www.DanielKallauch.de*

# Kinder für Jesus begeistern
## - mit 100 % zu 80 %

Kinder (in diesem Buch soll es um Kinder im Alter von 4 bis 11 Jahren gehen) für Jesus zu begeistern, begeistert uns unglaublich. Als wir uns überlegt haben, was der Inhalt dieser wertvollen Seiten sein sollte, war uns klar, dass es nicht reichen würde, nur Informationen und organisatorische Details weiterzugeben! Es sollte ein Buch werden, das den, der es liest, verändert, entzündet, in Bewegung setzt und hoffentlich begeistert. Es sollte ein Buch sein, das inspiriert, eine Leidenschaft weckt und dazu führt, dass so viele Kinder wie möglich in Deutschland Jesus kennenlernen. Egal, ob es ein kleiner Kreis mit drei Kindern ist oder aber große Kinder- und Jugendarbeiten, die aus allen Nähten platzen: Unser Wunsch und Gebet ist, dass etwas von der Liebe zu den Kindern, die uns antreibt, auf jeden überspringt, der dieses Buch liest.

### Mit 100 % zu 80 %
Das ist unser Wunsch, dass wir 100 % geben, um 80 % zu erreichen! 80 % der Christen starteten damit im Kindesalter. Dafür wollen wir zu 100 % unser Leben einsetzen.

*„Gott ruft uns in völlige Abhängigkeit von ihm hinein, in einer Zeit, in der wir keine Antworten haben: Er will, dass wir uns seine Gedanken über diese Generation anhören, dass wir ihn fragen, wo wir hingehen sollen, und das Unerwartete erwarten."* (Den Kindern eine Chance! Wie Kinder das Evangelium erfahren können, S. 14)

### Unser Traum
- Was wäre, wenn Kinder erleben würden: Jesus ist mit mir und wird mich nie verlassen, selbst wenn mein eigenes Leben von schmerzvollen Erfahrungen geprägt ist?
- Was wäre, wenn Kinder beginnen würden, leidenschaftlich voller Freude und Begeisterung mit Jesus zu leben?
- Was wäre, wenn Kinder die biblische Botschaft so kreativ und begeistert erzählt bekämen, dass sie zum Glauben an Jesus fänden?
- Was wäre, wenn Kinder unter Christen ein Zuhause fänden, einen Ort, an dem sie bleiben wollten und Menschen fänden, denen sie vertrauen könnten?

*Kinder für Jesus begeistern*

- Was wäre, wenn wir durch die Zeit, die wir mit ihnen verbringen, die nächste Generation so prägen würden, dass die Menschen in unserem Land wieder zu Gott zurückfänden?
- Was wäre, wenn ganze Familien von der Liebe Gottes verändert werden würden?
- Was wäre, wenn Kinder größere Werke tun würden als wir und als Jesus (vgl. Joh 14,12-14)?
- Was wäre, wenn Kinder ermutigt würden, einander Hoffnung, Heilung, Trost und Jesus selbst weiterzugeben?
- Was wäre, wenn ...

Was wäre, wenn du anfangen würdest, selbst so zu leben? Dann könnte die kommende Generation voller Wunder, voller Liebe für die Menschen sein. Das würde unser ganzes Land verändern!

> **Auf geht's! Lasst uns Kinder für Jesus begeistern!**
> Wenn du etwas willst, dann findest du einen Weg!
> Wenn du etwas nicht willst, findest du immer Gründe dagegen!

Willst du mit uns die Herausforderung angehen, Kinder für Jesus zu begeistern? Ob es in Zukunft noch Kindergottesdienst, Jungschar oder Kinderkreise gibt, hängt nicht davon ob, ob die Kinder kommen, sondern ob die Erwachsenen sich noch für die Kinder einsetzen und ihnen von Jesus erzählen möchten.

Es wird dich 100 % kosten! Deine Freizeit, deine Zeitplanung, deine Hobbys, dein Urlaub müssen erst einmal zurückstehen, damit du dich zu 100 % auf die Kinder konzentrieren und ihnen 100 % deiner Aufmerksamkeit schenken kannst. Denn deine 100 % haben das Potenzial, die Welt zu verändern. Aber es wird dir 100 %ig zurückgegeben durch die Freude, die man empfindet, wenn man leuchtende Kinderaugen sieht, und wenn man beobachten kann, wie Kinder Schritte im Glauben gehen. Und durch die Auseinandersetzung mit Glaubensinhalten wächst auch dein eigener Glaube. 100 % Gewinn auf beiden Seiten!

Dabei geht es immer um jedes einzelne Kind, für das wir unser Leben einsetzen wollen. Hier eine kurze Geschichte, die bei mir immer eine Gänsehaut auslöst und die gut beschreibt, was passieren kann, wenn wir ein Kind für Jesus gewinnen:

*Edward Kimball war Schuhverkäufer und Kindergottesdienstmitarbeiter in Chicago. Er hatte ein Herz für Jungen und verbrachte viele Stunden seiner Freizeit damit, die Straßenkinder im Stadtzentrum von Chicago zu besuchen und sie für* ein Leben mit Christus zu gewinnen. Durch sein Engagement fand 1858 ein Junge namens D. L. Moody zu Jesus. Als Moody erwachsen war, wurde er Prediger. 1879 wurde durch seine Predigt ein junger Mann mit Namen F. B. Meyer Christ. Auch er wurde Prediger. Meyer war ein leidenschaftlicher Verfechter persönlicher Besuche. Durch seine Begegnungen mit den Menschen wurde ein junger Mann mit Namen J. W. Chapman ebenfalls Christ. Auch Chapman wurde Prediger und verkündete u. a. dem Baseballspieler Billy Sunday das Evangelium. Sunday war von da an Sportler und Evangelist. Er organisierte in Charlotte, North Carolina, eine Evangelisation, die so gut besucht war, dass man einen weiteren Evangelisten (Mordecai Hamm) einlud, ebenfalls dort zu predigen. Während Hamm predigte, gab ein Teenager namens Billy Graham Jesus sein Leben.

Billy Graham konnte Christ werden, weil ein Kind für Jesus gewonnen wurde. Wir sind keine berühmten Evangelisten und werden nicht häufig auf großen Bühnen in großen Hallen mit vielen Zuhörern stehen, wie das bei Billy Graham und seinen Glaubensvätern der Fall war. Aber jeder von uns kann von Gott gebraucht werden, damit im Leben eines anderen Kindes, das vielleicht einmal ein großer Prediger, Bürgermeister, Firmenchef, Bundeskanzler werden wird, der Prozess des Glaubens beginnt.

Was für eine Perspektive! Die Zeit, die wir mit Kindern verbringen, unsere Kraft, unsere Kreativität, unser Geld und jede Sekunde unseres Lebens hat das Potenzial, die Welt zu verändern. Dabei geht es nicht immer darum, große Reden zu schwingen. Oft ist es auch schon Verkündigung, wenn wir unseren Glauben mit den Kindern teilen. Das zeigt folgendes Beispiel:

*Ich (Jörg) kenne mehrere Familien, die keine eigenen Kinder oder nur ein Kind haben, jedoch sehr viele Pflegekinder, die über das Jugendamt zu ihnen kommen. Oft sind diese Kinder sehr verschlossen, haben meist kein Vertrauen mehr zu Menschen und erleben plötzlich einen Ort, an dem sie Liebe erfahren und anerkannt sind.*
*Von einem Mädchen (9 Jahre) möchte ich euch erzählen. Ihre Mutter hat Drogen genommen und konnte sich nicht um die Kleine kümmern. Damals war sie erst vier Jahre alt. Sie kam daraufhin in diese Pflegefamilie. Dort erlebte sie, wie es ganz normal war, dass der Glaube im Haus gelebt wird. Sie erlebte, dass am Tisch gebetet wird, dass die Eltern in der Bibel lesen und sonntags in die Kirche gehen. Sie erlebte in dieser Familie Jesus nur durch Vorleben. Eines Tages kam sie zu ihrer Pflegemutter und fragte sie, warum Jesus hier im Haus lebt. Sie fühle sich hier so super wohl und es sei hier so anders als in anderen Familien.*

*Kinder für Jesus begeistern*

*Die Mutter erklärte ihr, dass Jesus der Freund ist, der sie ganz doll lieb hat, und sich über jeden freut, der sein Freund ist. Sie wollte noch mehr über Jesus hören, erleben und beginnen, wie die Eltern Bibel zu lesen. Ein paar Tage später kam sie nochmals zu ihrer Pflegemutter und fragte sie, ob sie mit ihr beten würde, weil sie Jesus als Freund haben möchte.*
*Ihr Leben verändert sich. Dabei haben die Eltern dem Mädchen Jesus nur vorgelebt und nicht gepredigt. Das hat ihr Leben verändert.*

Um sich die Auswirkungen noch einmal deutlich zu machen, welche Folgen es haben kann, wenn „Erwachsene" sich um Kinder kümmern, von ihrem Glauben erzählen und mit Kindern den Glauben gemeinsam einüben, kann es hilfreich sein, die eigene Kindheit zu beleuchten. Nimm dir die Zeit, um darüber nachzudenken!

*Wer war mein „erwachsenes" Vorbild und warum?*

_____

_____

_____

*Welche „erwachsene" Person hat mich als Kind mit ihrem Glauben beeindruckt und warum?*

_____

_____

_____

*Wer hat mir von Jesus so eindrücklich erzählt, dass ich mich noch heute daran erinnern kann?*

_____

_____

_____

*Warum (oder warum nicht) war ich in der Kinderstunde / Jungschar / im Kindergottesdienst? Was hat mich dort am meisten beeindruckt?*

_____

_____

_____

*Kinder für Jesus begeistern*

Menschen, die sich für uns eingesetzt haben, sind Menschen gewesen, die vielleicht, ohne zu ahnen, was aus uns mal werden wird, von Jesus weitererzählt haben. Wenn sie das nicht getan hätten, dann wäre unser Leben vielleicht ganz anders verlaufen. Ich wünsche jedem diese Perspektive: Die Arbeit, die du tust, ist nicht vergeblich (vgl. 1. Kor 15,58) und ist unglaublich wertvoll!

# GRÜNDE, DIE BEGEISTERN

Jesus hilft mir zu Gott zu finden

Gott

Jesus

Ich

# Gründe, die begeistern

## 1. Jesus ist 100 % begeistert von Kindern

Kinder für Jesus zu begeistern, ist keine Spezialdisziplin in der Gemeindearbeit, die nur von ein paar Verrückten gemacht wird. Im Neuen Testament, das in einer Zeit und Kultur entstanden ist, die wenig für Kinder übrig hatte, stellt sich Jesus zu 100 % zu den Kindern und nimmt sie sogar zum Beispiel dafür, wer überhaupt mit Gott zusammen sein kann. In der Zeit des Neuen Testaments waren Kinder bis 12 Jahre religionsunmündig. Mit Frauen, Kranken und Alten gehörten sie an den Rand der Gesellschaft und wurden wenig beachtet. Dagegen handelt Jesus bewusst gegen den Trend und hebt Kinder in der Wichtigkeit ganz nach oben. In der ganzen Bibel ist zu erkennen, wie begeistert Gott von denen ist, die er uns anvertraut hat.

**Für Gott sind Kinder ...**
- bedingungslos von ihm *geliebt* (vgl. Mk 10,16).
- *Schüler*. Sie müssen wertgeschätzt und von allen gelehrt werden (vgl. 5. Mose 6,20 f.).
- ein *Symbol*. Kinder sind ein Bild für die Beziehung, die Gott mit den Erwachsenen haben möchte (vgl. Mt 18,2.3).
- *Anbeter Gottes*. Kinder beten Gott an (vgl. Ps 8,3). Lobpreis fängt nicht erst im Teenkreis an. Kinder loben Jesus auch dann, wenn Erwachsene dagegen sind (Mt 21,15).
- *Träger der göttlichen Botschaft*. Spielende Kinder in bislang gefährlichen Situationen sind Zeichen des zukünftigen Friedensreichs (vgl. Jes 11,6.8). Kinder sind Schlüsselpersonen in vielen biblischen Berichten: Samuel (vgl. 1. Sam 3), die junge Magd von Naamann (vgl. 2. Kön 5,1 ff.), Gott selbst kam als Kind (vgl. Lk 2).
- *Vorbilder*. Jesus nimmt sie als Vorbild, wie Abhängigkeit von Gott aussieht (Mt 18,4).
- *ganz wichtige Menschen*. Jesus heilt Kinder (vgl. Lk 7 und 8) und segnet sie (vgl. Mk 10). Sie sind Beispiel für Demut (vgl. Lk 18,17). Jesus warnt die Erwachsenen davor, falsch mit Kindern umzugehen (vgl. Mt 18,5.6.10).

Aber das Beste: Kinder sind ein *Geschenk Gottes*!

„Seht, Kinder sind eine Gabe des HERRN.
*Ein Lohn ist die Frucht,
die er dem Mutterleib schenkt.*

*Wie Pfeile in der Hand des Kämpfers –
so hilfreich sind die Söhne,
die ihm in frühen Jahren geboren wurden.
Glücklich zu preisen ist der junge Mann,
der seinen Köcher mit ihnen gefüllt hat.
Zusammen werden sie nicht versagen,
wenn sie im Tor mit Feinden verhandeln."*
Psalm 127,3-5

Wenn wir mit Kindern arbeiten, dann haben wir es mit Geschenken Gottes zu tun.

## 2. 100 % begeistert von Gottes Wort

### 100%ig begeistert vom Leben – 5. Mose 6,3-7

Gott ist begeistert von dem Leben, das er uns gegeben hat. Er möchte, dass Kinder wissen, wie ein Leben funktioniert, das Gott zum Fundament hat. Er gibt seinem Volk eine Bedienungsanleitung mit, damit es ihnen gut geht (V. 3). Diese Anleitung zum Leben sagt, dass es nur einen Gott gibt. Diesen Gott zu lieben, der das Leben erfunden hat, ist Sinn des Lebens. Und das zu 100 %. Mit ganzem Herzen, ganzer Seele und mit ganzer Kraft (V. 4-5). Dieses Wissen soll nicht nur in unserem Kopf sein, sondern vor allem in unserem Herzen (V. 6). Gott weiß, dass dort unser Leben „schlägt" und nicht in unserem Kopf. Der Weg vom Kopf zum Herz ist einer der weitesten Wege, die wir gehen müssen. Diese 100 % Liebe zu dem Gott des Lebens sollen wir unseren Kindern „einschärfen" (V. 7). Einschärfen, egal ob wir von Gott reden, sitzen oder unterwegs sind, schlafen gehen … Alle Teile unseres Lebens sollen von der Liebe Gottes gepackt werden. Unser Leben soll lauter sprechen als unsere Worte und damit die Worte mit Leben füllen. Aus der Liebe zu diesem Gott werde ich mich gern an das halten, was er mir vorgibt, weil er will, dass es mir gut geht. Kinder sollen in unserer Begeisterung für das Leben Gott sehen!

*Bist du begeistert von dem Leben, das Gott dir gegeben hat?*

### 100%ig begeistert von Gottes Geschichte – Psalm 78,1-8

Gott ist begeistert von seiner Geschichte. Diese Geschichte ist eine Geschichte mit uns Menschen, die voller menschlicher Fehler, aber auch voller Wunder Gottes ist. Seine Macht wird eben gerade dadurch sichtbar, dass auch menschliche Schwäche ihn nicht davon abhält, zu seinem Ziel zu kommen. Sein Ziel ist, dass Menschen durch diese Geschichte ihn kennenlernen. Es beginnt damit, dass wir weitererzählen, was wir selbst gehört und gelernt haben (V. 3). Deshalb erzählen wir Geschichten, die schon „tausend" Mal erzählt wurden. Geschichten, die Gott zum Mittelpunkt und damit das Leben zum Mittelpunkt haben. Immer wieder sagt Gott, dass durch das Erzählen dieser lebendigen Geschichten das Leben in unser Leben kommt, weil Gott selbst dadurch zu uns kommt. Erzählt werden sollte immer, was Gott getan hat, sein Ruhm, seine Macht, seine Werke, all diese Taten, die er mit, durch und trotz fehlerhafter Menschen bereits vollbracht hat.

Warum sollen wir alte Geschichten erzählen? Vers 7 und 8 geben die Antwort: Damit Kinder schon früh lernen, dass sie sich auf diesen Gott verlassen können. Damit sie ihn nicht vergessen und so leben, wie es Gott gefällt. In Vers 8 steht, was passiert, wenn Kinder das nicht erfahren: Sie werden trotzig und widerspenstig, haben kein festes Herz und sind untreu gegenüber Gott. Deshalb ist es so wichtig von dem Gott des Lebens zu erzählen. Dadurch prägen wir die kommenden Generationen, weil diese Kinder wieder ihren Kindern begeistert die Geschichte ihres Lebens mit diesem Gott erzählen werden.

*Bist du begeistert von Gottes Geschichte in der Bibel und in deinem Leben?*

## 100%ig begeistert vom Kleinen – Matthäus 18,1-4

Wer ist der Größte? In Gottes Herrschaftsbereich ist der der Größte, der so wie ein Kind weiß, dass er ohne Hilfe eines Größeren absolut verloren ist. Es ist der der Größte, der total abhängig ist von Gott und deshalb nimmt Jesus ein Kind zum Vorbild. Kinder wissen sehr gut, dass sie auf jemanden angewiesen sind. Deshalb sind Kinder auch so offen für die gute Nachricht von Jesus, weil sie gern bereit sind, ein Geschenk anzunehmen. Das Verhalten von Kindern gegenüber Jesus wird zum Vorbild für das Verhalten von jedem erklärt, der das Reich Gottes empfangen möchte. Hier steht sogar:

„Und wer ein Kind wie dieses aufnimmt,
und sich dabei auf mich beruft,
der nimmt mich auf."
Matthäus 18,5

*Gründe, die begeistern*

So wichtig sind ihm die Kleinen, dass er sich so mit ihnen identifiziert: Wir begegnen Gott, wenn wir mit Kindern zusammen sind und unsere Zeit und Aufmerksamkeit mit ihnen teilen.

*Bist du begeistert von den Kindern, die in deinem Kreis sind?*

### 100%ig begeistert von Kindern – Markus 10,13-16

Sollten die ersten drei Stellen nicht ausreichen, dann wird hier spätestens klar, dass Jesus gern mit Kindern zusammen sein wollte, auch wenn es für andere wie Zeitverschwendung aussah. In der Lutherübersetzung heißt es, dass er *„die Kinder herzte"* (V. 16). Dieses Wort gefällt mir, weil es zeigt, dass Kinder ganz nah am Herzen Jesu sind. Er liebt sie, schützt sie, umsorgt sie, gibt sein Leben für sie und rettet sie: völlig unabhängig davon, ob sie seine Liebe erwidern oder angemessen theologisch darauf reagieren können. Die Kinder lassen sich einfach von Jesus lieben, ohne dass sie einen Gedanken daran verschwenden, etwas für ihn zu tun. Deshalb ist Jesus so begeistert von Kindern, weil er sie einfach lieben kann, ohne viel erklären zu müssen.

*Bist du begeistert von der Liebe, die Jesus für dich hat?*

## 3. 100 % begeistert durch und von Gott, um Kinder zu begeistern

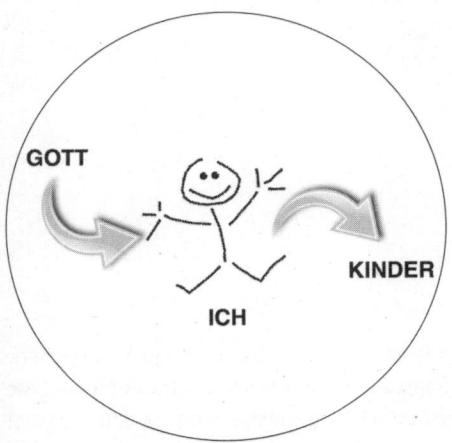

Begeisterung kann ich nur weitergeben, wenn ich selbst begeistert bin, nur wenn ich selbst Jesus kennengelernt habe. Begeisterung entsteht nicht durch Gedankenanstrengung meinerseits, irgendein Knopf in meinem Kopf, den ich drücke, und „Bumm!" ist Begeisterung da. Ich brauche den Impuls von außen.

Erst, wenn ich mir von Gott sagen lasse, wie begeistert er von mir ist, und ich ihm mehr glaube als meinem Denken und meinen Gefühlen, dann kann ich

*Gründe, die begeistern*

diese Begeisterung, die er für mich und für das Leben und im Speziellen für die Menschen hat, auch selbst leben und dadurch weitergeben. Weil wir das wissen, wollen wir dir deutlich sagen, wie Gott dich sieht:

> Du kannst es dir nicht leisten, anders über dich zu denken, als Gott es tut!

Deshalb hier einige Tatsachen, die uns begeistern werden, wie Jesus unser Leben sieht:

### Er jubelt über dich!
*Der Herr, euer Gott, ist in eurer Mitte; er ist stark und hilft euch! Von ganzem Herzen freut er sich über euch. Weil er euch liebt, redet er nicht länger über eure Schuld. Ja, er jubelt, wenn er an euch denkt!*
Zefanja 3,17

Gott jubelt: „Ja! Dass es dich gibt, haut mich einfach um! Ich kriege den Mund nicht zu, dass du da bist. Ich juble, wenn ich dich sehe! Ich bin dein Held und ich rette dich! Verlass dich drauf!"
Hast du dir Gott schon mal so vorgestellt? Er ist ganz aus dem Häuschen, wenn er an dich denkt. Er ist begeistert, weil du seine Schöpfung bist. Dieser Satz wurde dem Volk Israel in einer Situation gesagt, wo sie nicht mehr glauben konnten, dass Gott für sie da ist. In Gefangenschaft und einer dunklen Phase seines Volkes sagt Gott das. Er ist für dich, auch wenn du nichts fühlst oder glauben kannst. Glaub dem, was Gott sagt, mehr als der Situation, in der du gerade feststeckst!

### So sehr liebt er dich!
*Denn so sehr hat Gott diese Welt geliebt:*
*Er hat seinen einzigen Sohn hergegeben,*
*damit keiner verloren geht,*
*der an ihn glaubt.*
*Sondern damit er das ewige Leben erhält.*
Johannes 3,16

Er ist nicht nur begeistert von dir, sondern in seiner Liebe lässt er Taten sprechen. So sehr liebt er dich, dass er lieber seinen Sohn Jesus Christus kaputtgehen lässt, als dass du kaputtgehst. So sehr ist ihm dein Leben wichtig, dass er sein Leben hergibt, damit du Leben im Überfluss hast. Nicht nur ein bisschen Leben, sondern ewiges Leben in der Gemeinschaft mit Jesus, die schon jetzt beginnt. So sehr liebt er dich!

**Er ist dein Freund!**
*Ich bezeichne euch nicht mehr als Diener.*
*Ein Diener weiß nicht,*
*was sein Herr tut.*
*Ich nenne euch Freunde.*
*Denn ich habe euch alles gesagt,*
*was ich von meinem Vater gehört habe.*
Johannes 15,15

Er nimmt nicht die Peitsche in die Hand, um uns zu begeistern. „Sei jetzt begeistert! Das ist ein Befehl!" Kann man einen Sklaven für seine Arbeit begeistern? Nein! Aber einen Freund kann man anfeuern, sodass er begeistert und motiviert ist. Jesus ist dein Freund! Er will dich dadurch begeistern, dass er dir immer wieder sagt: „Der Vater selbst liebt euch ja" (Joh 16,27a)! Und er sagt dir, was er vorhat. Er hat dich gern dabei bei seiner großen Mission, die Welt für ihn zu gewinnen. Er ist dein Freund!

**So wie er!**
*Jesus sagte noch einmal:*
*„Friede sei mit euch!*
*Wie mich der Vater gesandt hat,*
*so beauftrage ich jetzt euch!"*
Johannes 20,21

Jesus besiegt den größten Feind, den Tod, und tritt als Auferstandener sichtbar zu seinen Jüngern. Dann spricht er diesen unglaublichen Satz: *Wie, genauso wie der Vater mich, Jesus, den Sohn Gottes, gesandt hat, so beauftrage ich euch!* Mit der gleichen Autorität, Vollmacht, Begeisterung, Leidenschaft, Menschen zu retten, sie zu heilen, in ihr Leben die Gegenwart Gottes hineinzusprechen und sie zu rufen, dass sie sich wieder Gott, ihrem Schöpfer anschließen sollen, ja, das traut uns Jesus zu. Er glaubt an dich! Du bist sein Sohn, seine Tochter. Durch Jesus sieht er dich wie *seinen* Sohn, *seine* Tochter an.

Was für eine überwältigende Zusage hast du da erhalten! Nachdem Jesus das gesagt hatte, hauchte er seine Jünger an und sagte: *„Empfangt den Heiligen Geist"* *(Joh 20,22)!* Denn aus uns haben wir nicht diese Kraft und Vollmacht, die Begeisterung, diesen anspruchsvollen Auftrag auszuführen. Er gibt uns seine Kraft, seine Gegenwart, seine Weisheit, damit wir mutig losziehen können. Wir haben wahrscheinlich nicht annähernd begriffen, dass es noch viel mehr gibt, was Jesus uns durch den Heiligen Geist zur Verfügung gestellt hat. Er will uns noch mehr geben. Nicht, damit es nur uns gut geht, sondern damit die Welt ihn erkennt (vgl. Ps 67,2-3).

### Sein Kind!
*Ihr habt ja nicht einen Geist empfangen,*
*der euch zu Sklaven macht.*
*Dann müsstet ihr doch wieder Angst haben.*
*Ihr habt vielmehr einen Geist empfangen,*
*der euch zu Kindern Gottes macht.*
*Weil wir diesen Geist haben,*
*können wir rufen:*
*„Abba! Vater!"*
Römer 8,15

„Hallo Sohn! Hallo Tochter! Hier spricht dein Papa, der dich liebt." Papa, so dürfen wir Gott nennen. Das kann merkwürdige Gefühle auslösen. Vor allem dann, wenn wir an unseren natürlichen Vater denken, der in uns vielleicht eher negative Gefühle ausgelöst hat. Das tut es übrigens auch bei Kindern, denen wir von diesem Vater erzählen. Das sollten wir im Hinterkopf behalten.

### Du hast seine Natur!
*In all dem werden uns*
*wertvolle und unüberbietbare Zusagen geschenkt.*
*Denn dadurch sollt ihr Anteil bekommen*
*an der göttlichen Natur.*
2. Petrus 1,4a

Als Kind Gottes repräsentierst du ihn. Du bist sein sichtbarer Vertreter/Botschafter auf dieser Welt. Aus menschlicher Sicht ist das unmöglich, aber weil du durch Jesus Christus eine neue Schöpfung bist, ist das jetzt möglich. Diese verändernde Kraft Gottes führt dazu, dass immer dann, wenn wir reden, Menschen Jesus hören. Wenn wir Menschen lieben, begegnen sie darin auch Gottes Liebe. Wenn Menschen mit uns zusammen sind, fangen sie an, erste Schritte auf Jesus zuzugehen, weil sie durch uns mit der göttlichen Natur in Berührung kommen.

*Gründe, die begeistern*

## Ehre, für ihn unterwegs zu sein!
*Nein, Gott hat uns für geeignet gehalten,
uns die Gute Nachricht anzuvertrauen.
Nur deshalb verkünden wir sie.
Es geht uns also nicht darum,
den Menschen zu gefallen,
sondern Gott.
Denn er prüft unsere Herzen.*
1. Thessalonicher 2,4

Du hast die Ehre, im Reich Gottes mitzuarbeiten. Du bist wert geachtet, geschätzt, für tauglich, für kompetent befunden. In Gottes Augen bist du die/der Beste, um Kinder für Jesus zu begeistern. Du darfst 100 % geben, um ihm zu gefallen.
Er prüft dein Herz! Nicht um dir ein schlechtes Gewissen zu machen, sondern weil er deinen Einsatz ehrt und, auch wenn du keinen „Erfolg" hast, dir nicht seine Freundschaft kündigt. Welche Ehre ist es, so einen Gott zu haben, der meine Fehler kennt, trotzdem an mich glaubt und mir vertraut und mich gebraucht! Für ihn ist es eine Ehre, dass ich ihm helfe. Also, dann los!


## Du darfst ihm helfen!
*Jesus kam zu ihnen
und sagte:
„Gott hat mir alle Macht gegeben,
im Himmel und auf der Erde!
Geht nun hin zu allen Völkern
und macht die Menschen zu meinen Jüngern und Jüngerinnen:
Tauft sie im Namen des Vaters,
des Sohnes
und des Heiligen Geistes!
Und lehrt sie, alles zu tun,
was ich euch geboten habe.
Und seht doch:
Ich bin immer bei euch,
jeden Tag, bis zum Ende der Welt!"*
Matthäus 28,18-20

Es ist seine Mission, Menschen zu retten und sie zu Jüngern zu machen. Er sagt: *„Gott hat mir alle Macht gegeben, im Himmel und auf der Erde!"*

*Gründe, die begeistern*

Er nimmt uns mit hinein in seine Begeisterung.

*„Er will ja, dass alle Menschen gerettet werden und zur Erkenntnis der Wahrheit gelangen."*
1. Timotheus 2,4

Dafür rüstet er uns mit aller Kraft, mit Gaben und „Handwerkszeug" aus, das wir brauchen, um ihn zu unterstützen. Vergiss nicht, es ist sein Auftrag, nicht unser! Du darfst mitmachen und dabei auch die Wunder, Taten und göttliches Eingreifen im Leben von Menschen bewundern und bestaunen.

Diese Liste könnte man beliebig verlängern. Sie zeigt aber deutlich, wie viel Gott uns gibt, bevor er uns herausfordert, mit dieser Liebe andere zu begeistern. Begeistert dich das? Ja? Dann gehen wir zum nächsten Schritt.

## 4. Augen/Ohren auf = Herz auf = Begeisterung an!

Damit wir Begeisterung weitergeben können, ist es wichtig, mit der Kraft Gottes unterwegs zu sein, aber auch zu wissen, wen wir überhaupt begeistern wollen und was diese Menschen, die Kinder, beschäftigt. Was macht ihr Leben aus und wo sind ihre Schwierigkeiten? Wir müssen unsere Augen und unsere Ohren öffnen, um die entscheidenden Lebenssituationen wahrzunehmen, um die richtigen Entscheidungen zu treffen bzw. Veränderung vorzunehmen, damit wir möglichst viele Kinder für Jesus begeistern.

Das ist überall in Deutschland anders. Was für den Süden gilt, muss noch lange nicht im Norden richtig sein und umgekehrt. Was im Westen gut läuft, muss noch lange nicht für den Osten passen und umgekehrt. Aber einige Dinge sind überall zu beobachten. Drei wesentliche Punkte in der Lebenswelt der Kinder wollen wir im nächsten Kapitel anschauen.

# KINDER, DIE BEGEISTERN

*Jesus ist Klasse und Gott auch*

# Kinder, die begeistern

## 1. Die drei größten Herausforderungen für Kinder in den letzten zehn Jahren

**We are family**
In der Familie werden 80 % der Überzeugung der Kinder geprägt und auch gefestigt. Dies betrifft vor allem die Überzeugung des Glaubens. Folgende Grafik zeigt, in welchem Bereich die meiste Prägung (nicht Glaubensprägung) passiert.

| | | |
|---|---|---|
| Mutter | 81 % Jungen | 74 % Mädchen |
| Vater | 61 % Jungen | 50 % Mädchen |
| Pastor | 57 % Jungen | 44 % Mädchen |
| Großeltern | 30 % Jungen | 29 % Mädchen |
| Sonntagsschule | 26 % Jungen | 26 % Mädchen |
| Jugendgruppe | 24 % Jungen | 25 % Mädchen |
| Gemeindefreizeit | 20 % Jungen | 28 % Mädchen |
| Einkehrtage | 11 % Jungen | 17 % Mädchen |

aus: Holmen, Mark / Teixeira, Dave: Den Glauben zu Hause leben, Gießen 2009, S. 195. Abdruck mit freundlicher Genehmigung.

Die Mehrheit der Kinder im schulpflichtigen Alter lebt aber nicht mehr in einer traditionellen Familie (Mutter, Vater und Kind). Durch die unterschiedlichsten Familienformen (Patchworkfamilien, alleinerziehende Elternteile ...) wird für viele Kinder Familie als verwirrend wahrgenommen. Zusätzlich verbringen viele Kinder die meiste Zeit des Tages oft nicht zu Hause, sondern in Kindertagesstätten, der Ganztagsschule oder der Schulbetreuung und erleben dort wieder ganz andere Werte und Erziehungsstile.

Wer ist in welcher Sache mein Ansprechpartner? Wann bin ich bei Mama, wann bei Papa? Welcher Erzieher/Pädagoge ist für mich da? Das hat aber auch zur Folge, dass Kinder sich eine hohe Fähigkeit erwerben, in dieser Welt die unterschiedlichsten zwischenmenschlichen Situationen zu meistern.

*Weitere wichtige Punkte:*
- Kinder brauchen klare Strukturen, die sie schützen. Oft erhalten sie diese durch wechselnde Erzieher aber nicht. Das verwirrt und führt zu unterschiedlichen Verhaltensweisen in unterschiedlichen Gruppen.

- Unsere Geschichten in der Verkündigung dürfen nicht nur „heile Familie" widerspiegeln. Die heilen Alltagsrealitäten kommen in der Lebenswelt der Kinder oft nicht vor. Deshalb ist es wichtig, gerade in komplizierten Familiensituationen den Kindern das Wirken Gottes zu zeigen. Denn bei den Kindern soll nicht der Eindruck entstehen: „Erst wenn zu Hause alles in Ordnung ist, kann ich ein Freund von Gott werden."
- Christliche Erziehung kommt auch in christlichen Familien kaum noch vor. Selbst Familien, in denen die Eltern eine persönliche Beziehung mit Gott leben und aktiv am Gemeindeleben teilnehmen, gestalten nur selten in den eigenen vier Wänden den Glauben gemeinsam mit ihren Kindern.

Georg Barna hat in den USA Kinder zwischen fünf und zwölf Jahren dazu befragt und die Ergebnisse und Erkenntnisse zusammengefasst. Hier Auszüge aus seinen Ergebnissen:

> *„Die Ergebnisse: Barna fand heraus, dass in den Kirchen der USA 85 % der Eltern von Kindern unter 13 sich selbst in der Hauptverantwortung dafür sehen, ihre Kinder in religiösen und geistlichen Dingen zu unterweisen. Dennoch lesen im Verlauf einer normalen Woche weniger als 10 % der Eltern, die regelmäßig in eine Kirche gehen, zusammen mit ihren Kindern die Bibel oder beten mit ihnen ... oder übernehmen als Familie eine Aufgabe in der Gemeinde.*
> *Die Gründe für das Übertragen der Verantwortung für die geistliche Nahrung an die Gemeinden: Die Komplexität des modernen Lebens, die negativen Einflüsse der Medien, die Ansichten und das Verhalten der Freunde der Kinder, die verdrehten Perspektiven, die an den Schulen vermittelt werden, mangelndes Vertrauen der Kinder in die moralischen und geistlichen Ansichten ihrer Eltern, die anti-christliche Umgebung, ‚political correctness'.*
> *Die Folgen: Eltern suchen (in den Gemeinden) die beste Hilfe, die sie für ihre Kinder bekommen können, und ziehen sich selbst aus der Aufgabe zurück. Fast 9 von 10 Eltern sehen keinen Bedarf, an dieser Situation etwas zu verändern."*
> aus: Den Kindern eine Chance! Wie Kinder das Evangelium erfahren können, S. 48. Abdruck mit freundlicher Genehmigung.

Was dagegen Programme bewirken können, bei denen nicht nur verschiedene Zielgruppen im Blick stehen, sondern wo die ganze Familie gemeinsam etwas erleben kann, zeigt folgende Geschichte:

> *„Mein Papa ist im Gefängnis ... Ich denke, es wird besser werden, wenn er zurückkommt. Vielleicht ist Mama dann nicht mehr so traurig und schlecht ge-*

launt. Ich weiß, dass sie uns liebt, aber ich sehe auch, dass sie nicht glücklich ist ... Mama ist immer streng mit uns, wenn sie Papa getroffen hat. Die ganze Zeit sagt sie uns, wir sollten vorsichtig sein und nicht jedem erzählen, wo Papa ist. Aber in den letzten Ferien hat sie uns zu einem Ferienlager mitgenommen, wo wir eine Menge Spaß hatten. Mama bastelte Weihnachtskarten ... Ich wusste gar nicht, dass Mama so was kann. Ich habe einen Bilderrahmen bemalt ... Und wir haben ein Video von den Sachen, die wir in dem Lager gemacht haben. Wir spielten viele Spiele und machten Menschen aus Teig und erfuhren, wie Gott uns gemacht hat ... Mama sagt, sie und alle die anderen Mütter hätten darüber geredet, wie man sich den Dingen stellen kann und wie Gott ist. Sie sagt, Gott liebt uns. Seit dem Ferienlager ist Mama ganz anders."

aus: Den Kindern eine Chance! Wie Kinder das Evangelium erfahren können, S. 50. Abdruck mit freundlicher Genehmigung.

## Fragen an meine Arbeit

- Gibt es in meiner Verkündigung auch „komplizierte" Familiensituationen, in denen sich Kinder wiederfinden können? (Die Bibel ist voll davon!)
- Habe ich die ganze Familie im Blick, wenn ich mit Kindern zusammen bin? 80 % der Prägung geschieht zu Hause in den Beziehungen, die dort gelebt werden. Dabei ist es egal, ob sie einen guten oder schlechten Einfluss haben. Was kann ich tun, um in das Zuhause der Kinder Impulse zu setzen oder sogar das Zuhause in die Arbeit mit Kindern zu integrieren?
- Bin ich von meinen Kindern begeistert, egal in welcher Familiensituation sie sich auch befinden?

## Fernsehen, Internet, Smartphones ...

Die Möglichkeiten der multimedialen Gesellschaft treffen Kinder mit voller Wucht. Sie wachsen mit Dingen auf, die vor fünf bis zehn Jahren für uns noch nicht denkbar gewesen wären (z. B. Smartphones, mobiles Internet). Dadurch haben sie sehr schnell sehr viele neue Fähigkeiten entwickelt, mit denen die Erwachsenen nicht mehr zurechtkommen. Kinder haben die Fähigkeit, sich innerhalb von Sekunden in der medialen Welt zu bewegen und zurechtzufinden, und setzen sich dadurch auch Inhalten aus, die in die Welt der Erwachsenen gehören. Ihnen fehlt häufig noch die Fähigkeit, die Dinge, die sie sehen und hören, richtig zu beurteilen und einzuschätzen. Es geht hier nicht darum, diese Medien schlechtzumachen. Sondern wir müssen Kindern helfen, mit ihnen gut umzugehen. Denn schon Jesus hat den Menschen viele Ratschläge zum Umgang mit Alltäglichem (Geld, Sorgen, Essen ...) gegeben. Er hat sich in seinen Reden nicht nur auf das geistliche Leben begrenzt, sondern um das ganze menschliche Leben gekümmert.

*Übermäßiger Bildschirmkonsum und die Auswirkungen*
- 220 Minuten täglich hat ein Kind durchschnittlich mit einem Bildschirm zu tun.
- In dieser Zeit fehlt ihm Bewegung, frische Luft, oder einfach ausgedrückt „Körpererfahrungen".
- Dadurch entwickelt sich nur Hören und Sehen, die Handlungskompetenzen (praktische Fähigkeiten) fehlen.
- Praktische Intelligenz geht gegen Null (das Kind kann z. B. kein Feuer mehr anzünden).
- Der Geruchssinn wird nicht mehr entwickelt. Es gibt keine Nuancen in ihrem Geruchssinn.
- Es fehlen Gefühle, die die Fähigkeit unterstützen, Liebe zu empfinden und weiterzugeben.

Einfach zusammengefasst:
Zu viel Bildschirm macht depressiv und aggressiv, faul, dick und dumm.

Hier kommt unsere Begeisterung für Jesus und die Werte, die wir damit verbinden, ins Spiel. Sehen wir die reale Welt (Schöpfung) als etwas Genialeres als die virtuelle Welt und fördern wir das Entdecken dieser Welt? Wie nutzen wir die Medien und Möglichkeiten, um mit Kindern zu kommunizieren und ihnen gute Inhalte zur Verfügung zu stellen?

*Kinder, die begeistern*

*Tipp:* www.mäxiswelt.de ist eine Kinderinternetseite, auf der Kinder auf sehr kreative und spielerische Weise Jesus kennenlernen können und entdecken, was weltweit im Reich Gottes passiert.

*Fragen an meine Arbeit*
- Werden in meiner Arbeit alle Sinne angesprochen oder füttere ich nur den Verstand? Die meisten Menschen begreifen ihre Welt nicht über den Verstand „auditiv" (hören), sondern über andere Sinne „visuell" und „kinästhetisch" (fühlen, schmecken, riechen, sehen).
- Multimediale Gesellschaft: Nutzt du die Möglichkeiten, um für Jesus zu begeistern, oder ist die Angst vor dem Neuen und Unbekannten größer?
- Was muss ich tun, um das reale, greifbare Leben interessanter zu machen als die virtuelle Welt?

_____
_____
_____
_____
_____
_____
_____

Für die Arbeit mit Kindern gilt darum: Je einfacher, desto besser! Dabei ist es wichtig, mit den Kindern rauszugehen und die Dinge wieder wirklich in die Hand zu nehmen, statt auch in der Kindergruppe nur auf einem Touchscreen zu spielen. Teig kneten und selbst einen Kuchen zu backen ist besser, als auf dem Smartphone virtuell die Zutaten zu sammeln. Mit dem Taschenmesser Stöcke schnitzen oder im Wald eine Hütte zu bauen und dann ein Lagerfeuer selbst anzünden, bleibt eindrucksvoll. Denn die Realität ist spannender als die virtuelle Welt! So haben wir mit einfachen Möglichkeiten die Chance, Kinder für das Leben zu begeistern.

### Stress – Termine, Termine, Termine ...

„Meine Kinder haben mehr Termine als ich", beklagt sich die eine Mutter. „Ich bin das Taxiunternehmen in unserer Familie", sagt eine andere Mutter. Kinder müssen immer mehr in immer kürzerer Zeit bewältigen. Viele Kinder haben kaum noch Zeit, einfach nur zu spielen, ohne auf die Zeit achten zu müssen! Die beiden vorhin beschriebenen Faktoren (Familiensituation und Medien) verstärken dieses Lebensgefühl noch. Dazu kommt der Gruppendruck von anderen Kindern (vor allem bei den Älteren) und die immer kürzer werdende Kindheitsphase (Kinder sind viel früher in der Welt der Erwachsenen als noch vor zehn Jahren).

Jetzt sollen wir zu dem Vielen auch noch unsere Begeisterung für Jesus dazupacken? Wie kann die Arbeit, die wir tun, nicht noch ein zusätzlicher Stressfaktor oder Termin für Kinder sein, sondern eine wirkliche Hilfe für ihr Leben?

> *„Der Beitritt zu einer Religionsgemeinschaft, die ihnen Struktur, das Gefühl für Gemeinschaft und die Gewissheit der Erlösung vermittelte, war für viele Jugendliche mit Problemen ein wichtiger Wendepunkt im Leben."*
> Werner, Emmy; in: Handbuch Resilienzförderung, Wiesbaden 2011

Die Teilnahme an unseren Programmen kann für Kinder ...
- der Anker sein, bei dem sie sich verbinden (emotionale Bedingung außerhalb der Familie).
- Rettung aus desolaten Familien sein.
- ein Heimatort werden, der für Kinder lebensverändernd sein kann.
- eine geschützte Atmosphäre bieten.
- ein Ort sein, an dem Menschen da sind, die auch morgen wieder da sind. So sind langfristige Beziehungen erfahrbar.
- ein Ort sein, an dem sie echte, tragfähige Beziehungen erleben, die sie für ihr ganzes Leben und ihre Entscheidungen stärken.

*Kinder, die begeistern*

*Fragen an meine Arbeit*
- Dürfen Kinder in meiner Stunde Fehler machen? Dürfen sie einfach Kinder sein?
- Dürfen Kinder frech, wild und laut sein?
- Bin ich bereit, echte Beziehung/Freundschaft zu meinen Kindern aufzubauen?

## 2. Kennst du deine Kinder?

Paulus sprach einmal davon, dass er sich das Denken und Verhalten der Menschen, die er erreichen will, genau einprägt, um ihnen am besten von Jesus erzählen zu können. Weißt du, was die Kinder beschäftigt, mit denen du zusammen bist? Kennst du ihre Familiensituation? Weißt du, was sie sich im Fernsehen/Internet anschauen? Weißt du, womit sie spielen?

### We are Family?
Die Bibel spricht davon, dass wir als Christen Brüder und Schwestern sind. Die Begriffe, die die Beziehungen im Christsein beschreiben, sind durchweg Begriffe aus der Familie (Vater, Bruder, Schwester, Sohn, Tochter, Kinder Gottes). Kinder sollen bei uns eine Familie erleben, die sie zu Hause nicht haben. Einen Ort, an dem sie spielen, streiten und sich versöhnen können, Quatsch machen dürfen … Um dieses Umfeld und den Raum Kindern zur Verfügung zu stellen, müssen wir ihre Lebenswelt kennen.

*Praktische Ideen*
- Frage deine Kinder (evtl. auch persönlich), wie es zu Hause zugeht, vor was sie Angst haben, was sie sich wünschen würden.
- Mache Elternbesuche bei den Kindern aus deiner Gruppe. Nimm eine Karte von dir mit deinem Namen, E-Mail und Telefonnummer mit. Stell dich kurz vor und zeige den Eltern, dass du bei Fragen jederzeit ansprechbar bist. Dadurch bekommst du gleich einen Einblick in das Lebensumfeld deiner Kinder. Das fördert deine Begeisterung, ihnen Gutes zu tun, und du kannst ganz anders mit den Kindern umgehen und in ihre Lebenswelt hineinsprechen.
- Sprich über Gott den Vater immer mit dem Wissen, dass viele deiner Kinder vielleicht keinen liebenden Vater haben. Zeige ihnen, welche Eigenschaften Gott als der Vater hat, wie er mit uns umgeht und wie wir mit ihm reden können.

**Was guckst du? Was spielst du? – Hetz mich nicht!**
Der gestiegene Medienkonsum kann für uns auch die Möglichkeit sein, an die Lebenswelt der Kinder anzuknüpfen. Frage deine Kinder, welche Fernsehsendung oder welche Videos sie sich im Internet anschauen. Wenn du das weißt, dann schau dir diese Dinge auch mal an. Wenn du etwas nicht verstehst bzw. du die ganze Geschichte nicht so durchschaust, dann frag die Kinder, sie werden gern dein Lehrer. Das macht sie stolz und öffnet ihr Herz, wenn sie dir erklären können, worum es in dem oder jenem Film/Serie geht. Gleiches gilt für ihre Spiele. Lerne die Spiele kennen, die die Kinder im Pausenhof spielen oder wenn sie sich mit Freunden treffen. Sowohl das Spielen wie auch die Fernsehsendungen oder Internetfilme können dir als Anknüpfungspunkt in der Verkündigung bei Kindern helfen.

## 3. Wie ticken deine Kinder?

Hier noch ein paar Fakten, die dir helfen sollen, Kinder altersgemäß begeistern zu können. Was können die Kinder und was nicht? Warum reagieren sie manchmal so und manchmal ganz anders? Auch Disziplinschwierigkeiten hängen damit zusammen. Hier nur einige Punkte, die uns aber sehr wichtig erscheinen:

*Kinder von 4 bis 7 Jahren ...*
- nutzen jede Gelegenheit sich zu bewegen. Renne, hüpfe und tobe mit ihnen, dann hören sie dir auch besser zu.

- brauchen klare Regeln, die konsequent eingehalten werden. Regeln und Konsequenzen müssen für alle (Kinder und Mitarbeiter) klar sein. Sonst werden wir als Mitarbeiter unglaubwürdig, verlieren das Vertrauen und haben ständig mit Disziplinproblemen zu kämpfen.
- verstehen alles wörtlich, was wir sagen. Achte auf deine Sprache und Ausdrucksweise. „Der Herr Jesus wohnt in deinem Herzen", kann da schon falsch verstanden werden. Kinder denken: Jesus muss aber dann schon sehr klein sein, oder? Und wie soll er dann in mein Herz reinkommen? Muss ich da ins Krankenhaus, um mich aufschneiden zu lassen? In diesem Fall ist es besser zu sagen: „Jesus ist dein Freund und ist unsichtbar immer bei dir!" Die erste Aussage ist nicht falsch, kann aber falsch verstanden werden.
- brauchen klare einfache und anschauliche Anweisungen, die man am besten vormacht. Die Reihenfolge, in der man sie gibt, ist dabei zu beachten! Sie verstehen sonst oft nicht, was wir von ihnen wollen, und wir sind verärgert, dass sie nicht tun, was wir wollen, weil die vielen Worte, die wir machen, noch nicht von ihnen in konkrete Handlungsabläufe übersetzt werden können. Deshalb ist es besser, jeden einzelnen Schritt (z. B. bei einem Spiel sichtbar vorzumachen. Evtl. macht ein anderer Mitarbeiter genau das, was die Kinder nachher auch machen sollen).
- spüren Gottes Liebe und Begeisterung für sie durch uns. Unser Umgang (reden, lächeln, Körperkontakt) ist die beste Möglichkeit, Kindern Gottes Liebe zu zeigen. Deshalb ist es gut, Kinder zu Beginn der Stunde mit Handschlag und Augenkontakt zu begrüßen, sich mit ihnen körperlich auszutoben und ihnen durch unseren Körper (Augen, Ohren, Hände) Gottes Liebe zu zeigen.
- zeigen ihre Gefühle sehr stark (Freude, Trauer, Wut, Ärger ...). Dies geschieht oft auch körperlich. Sie wollen, dass wir ihre Gefühle ernst nehmen, aber wir dürfen uns nicht von ihnen bestimmen lassen. Dazu helfen klare Regeln und Absprachen. Nur, weil ein Kind jetzt anfängt, zu schreien und zu weinen, muss es nicht alles bekommen, was es fordert. Kinder haben das Recht, bockig zu sein, und wir lieben sie trotzdem.
- können in der Regel noch nicht lesen. Diese Tatsache wird oft vergessen. Darum wenig mit Buchstaben und Symbolen arbeiten, sondern eher mit konkreten (wenigen) Bildern, Aktionen, Spielen. Gottes Wort hat immer etwas mit allen Sinnen zu tun. Er sagt selbst: *„Schmeckt und seht selbst, wie gut der HERR ist"* (Ps 34,9)! Kinder sollen das Evangelium nicht nur hören, sondern fühlen, riechen, schmecken, genießen ... Verkündigung mit allen Sinnen!

*Kinder von 8 bis 11 Jahren ...*
- wollen unbedingt gewinnen. Konkurrenzdenken und Gerechtigkeitssinn wird stärker. Als Mitarbeiter müssen wir die Regeln genau einhalten und gerecht urteilen, sonst hört man sofort: „Das ist unfair!"
- sind leicht zu beeindrucken und ihre Gefühle beruhen oft auch darauf, wie andere (Freunde) reagieren. Das kann hinderlich sein, ist aber auch eine große Chance. Wenn ich die ganze Gruppe begeistern kann, dann kann ich mit dieser Gruppe Neues wagen und kreativ sein.
- brauchen Helden als Vorbilder (innerhalb und außerhalb der Familie). Mitarbeiter sind für Kinder Helden und die Kinder kopieren unser Leben. „So wie mein Leiter das macht, ist das richtig mit Jesus, und so muss ich das auch machen."
- wollen in ihren Fragen ernst genommen werden und ehrliche Antworten erhalten. Wie gehe ich als Mitarbeiter mit meinen Fehlern um? Kann ich ehrlich sein und auch um Vergebung bitten?
- verstehen immer mehr, was es heißt, eine Beziehung zu Jesus zu haben. Du kannst Kinder ermutigen, die Entscheidung als Freund Jesu festzumachen.

## 4. Was brauchen deine Kinder, um sie für Jesus zu begeistern?

„Kinder glauben, dass Kirche hauptsächlich für Erwachsene ist – es sei denn, sie werden als wichtiger Bestandteil der Gemeinde integriert.
Kinder glauben, sie hätten in der Gemeinde nichts zu sagen – es seid denn, man überträgt ihnen Verantwortung.
Kinder glauben, sie könnten nichts Bedeutendes beisteuern – es sei denn, ihre Beiträge werden wertgeschätzt und geachtet.
Kinder glauben, sie seien stets nur Empfänger in der Gemeinde – es sei denn, die Erwachsenen sind offen dafür, sich von ihnen dienen zu lassen.
Kinder glauben, sie müssten mit dem Entdecken ihrer Gaben und Berufung warten, bis sie älter sind – es sei denn, ihre Gaben und Berufung werden erkannt und gefördert."
aus: Den Kindern eine Chance! Wie Kinder das Evangelium erfahren können, S. 56. Abdruck mit freundlicher Genehmigung.

Eine Umfrage unter 6- bis 14-Jährigen über die wichtigsten Werte im Leben von Kindern hat Folgendes ergeben:

*Kinder, die begeistern*

| | |
|---|---|
| Freundschaft | 77 % |
| Vertrauen | 54 % |
| Zuverlässigkeit/Treue | 49 % |
| Geborgenheit | 48 % |
| Ehrlichkeit | 48 % |
| Gerechtigkeit | 39 % |
| Geld/Besitz | 23 % |
| Glaube | 18 % |

Wenn der Glaube (18 %) mit der Freundschaft (77 %) zu einem Mitarbeiter verbunden wird, dann könnte der Glaube im Leben von Kindern wieder eine größere Bedeutung gewinnen. Bist du bereit, ein Freund von Kindern zu werden?

*Wenn einem das Wasser bis zum Hals steht – Los geht's im neuen Leben.*
*Alles im Leben läuft anders, als man es denkt. Ich (Jörg) möchte euch gern erzählen, wie ich zum Glauben kam und wie Jesus mein Leben verändert hat.*

*Ich komme aus einer nicht so frommen Familie. Wir gingen ab und zu schon mal in die Kirche, aber das war es auch schon. Ich war ein sehr anstrengendes Kind. Ich habe meine Eltern ganz schön genervt und meine Mama musste oft unter mir leiden. Auch meine Lehrer hatten es nicht leicht mit mir. Als ich noch ein Kind war, habe ich mal einen Lehrer gebissen, weil ich meinen Kopf durchsetzen wollte. Andere haben es durch meine Art und mein hyperaktives und auch manchmal aggressives Verhalten sehr schwer gehabt. Mein Schuldirektor sagte mir viele Jahre später: „Ich wünsche dir so schwere und anstrengende Kinder, wie du eines warst!"*

*In dem kleinen Ort, in dem ich groß geworden bin, gab es für uns Kinder außer Feuerwehr, Sportverein und Kirche nicht viel zu erleben. Das Gemeindehaus war nur ein paar Schritte von meinem Zuhause entfernt und ich hatte mich dort immer wohlgefühlt. Die Pastorenfrau hatte immer ein offenes Ohr für mich gehabt und ich wurde dort liebevoll oft das „Fensterbank-Kind" genannt. Ich war öfters dort als zu Hause und sie war für mich die „Vizemama". In der Kirche habe ich die Sonntagsschule besucht und natürlich später auch die Jungschar. Für mich waren die Geschichten aus der Bibel, die ich dort gehört habe, immer nett, aber es waren nur Geschichten. In der Jungschar habe ich oft den Mitarbeitern das Leben schwer gemacht. Aber sie haben nie aufgehört, mir die Liebe Gottes zu zeigen und für mich zu beten. Ich war nun schon 15 Jahre alt und eigentlich kein Jungscharkind mehr, aber ich durfte weiterhin in die Jung-*

*schar und auf die Jungscharfreizeit mitkommen, da es keinen Teenkreis bei uns gab. 1995 war klar, dass ich dieses Jahr das letzte Mal als Teilnehmer mitfahren konnte. Diese Freizeit hat mein Leben verändert.*

*Meine Jungscharmitarbeiter haben immer für uns gebetet, dass wir Jesus kennenlernen. Es war der vorletzte Abend auf der Freizeit, als einer der Mitarbeiter die Geschichte vom sinkenden Petrus erzählte und berichtete, dass Petrus das Wasser bis zum Hals stand und es hier nun um Leben und Tod ging und dass es so was auch in unserem Leben gibt. Ich hatte oft das Gefühl, dass mir in meinem Leben auch das Wasser bis zum Hals stand und ich eigentlich keine Lust mehr hatte zu leben. Der Mitarbeiter erzählte aber weiter, dass Petrus das Richtige tat. Er rief Jesus zu Hilfe. Plötzlich wurde ich ganz Ohr. Denn der Mitarbeiter erzählte weiter, und das hat mich angesprochen, dass Jesus nicht mit mir diskutiert hat. Sondern wenn wir rufen, packt er zu und hilft uns. An diesem Abend habe ich zu Jesus Ja gesagt und er hat angefangen, mein Leben zu ändern. Klar war nicht alles sofort perfekt und super, aber ich spürte, dass Jesus immer wieder in meinem Leben Dinge veränderte. Dies fiel auch den Menschen um mich herum auf und sie fragten nach, was mit mir los sei. Ein paar Wochen später beschloss ich, in der Jungschar als Mitarbeiter einzusteigen, weil ich gern anderen von Jesus erzählen wollte. Jesus war für mich jemand, der ein Leben verändert und ein Freund ist, der einen wirklich liebt. Diese Veränderung hat bis heute Auswirkungen. Meine Eltern gehen nun regelmäßig in die Kirche und setzen sich gern dort ein. Jesus kann Leben verändern!*

Bei all diesen Erkenntnissen ist doch eine, die alle überragt, von grundlegender Bedeutung. Kinder brauchen einen Freund. Die Umfrage unter 6- bis 14-Jährigen (siehe Seite 32) hat dies deutlich gezeigt. Was hindert mich Freundschaft zu leben? Oft erliegen wir in der Arbeit mit Kindern einigen Märchen, die uns erzählt wurden oder deren Botschaft wir irgendwo übernommen haben. Eine kleine Gegenüberstellung soll das deutlich machen.

| Das Märchen ...<br>(Mitarbeiter FÜR das Kind) | ... und die Wahrheit.<br>(Mitarbeiter MIT dem Kind) |
|---|---|
| Sei nett! | Sei echt, ich halte das aus! |
| Halte dich an die Regeln! | Folge Jesus nach, ich zeige dir wie! |

| Das Märchen ...  (Mitarbeiter FÜR das Kind) | ... und die Wahrheit.  (Mitarbeiter MIT dem Kind) |
|---|---|
| Sei fröhlich! | Sei treu, auch wenn alle es anders machen! |
| Tu, was ich dir sage! | Tu das, was ich tue! Lerne von meinem Vorbild! |
| Jesus nachzufolgen ist einfach. | Jesus nachzufolgen kostet dich etwas, aber er ist jeden Preis wert. |
| Kindern biblische Geschichten erzählen. | Kinder zur Reaktion auf biblische Erzählungen ermutigen. |
| Die Reaktion des Kindes lenken. | Dem Heiligen Geist zutrauen, dass er das Kind so führt, wie er es will. |
| Der Erwachsene gibt, das Kind empfängt. | Beide, Erwachsener und Kind, geben und empfangen, sie bereichern einander im Glauben, indem sie Dinge infrage stellen und diskutieren. |
| Information, Erziehung und Unterhaltung für das Kind | Das Kind einladen, Veränderung durch den Heiligen Geist zu erleben und mutig Glaubensschritte zu gehen. |
| Die Bibel ist ein Lesebuch. | Die Bibel ist ein Lebenshandbuch, ein Liebesbrief, der mit meinem Leben zu tun hat. |
| Jeder kann Kinder unterrichten. | Kinder verdienen größte Hingabe und die beste Vorbereitung. |

aus: Den Kindern eine Chance! Wie Kinder das Evangelium erfahren können, S. 13. Abdruck mit freundlicher Genehmigung.

# Begeistert, um zu begeistern

87 % der Kinder im Alter von 10 bis 14 Jahren, die nicht in die Kirche gehen bzw. nicht mehr in die Kirche gehen, nennen als Grund für ihr Wegbleiben, dass die Kirche langweilig ist. Das fordert uns heraus, dass unsere Stunde die beste Zeit der Kinder innerhalb der Woche werden muss. Wir wollen Kinder so begeistern, dass sie traurig sind, wenn sie nicht kommen können. Sie sollen so begeistert sein, dass sie Sehnsucht nach der Zeit mit den anderen Kindern haben und das Hören auf die biblische Botschaft vermissen, wenn sie nicht da sind. Wenn sie da sind, sollen sie gefesselt, neugierig und überrascht über das sein, was wir mit ihnen gemeinsam erleben werden. Die folgenden Seiten sollen Hilfen dafür sein, wie du dieses Ziel erreichen kannst und welche ganz praktischen Dinge wichtig sind, um Kinder für Jesus zu begeistern.

### Hier bin ich richtig – der richtige Halt für mich!

*Dieses Erlebnis hat mir (Jörg) vor Kurzem eine Mitarbeiterin erzählt. Sie leitet schon seit vielen Jahren die Jungschar in einem Ort. Sie hat schon viele Kinder in dieser Jungschar erlebt, einige, die sehr anstrengend waren, und einige, die sie nie vergessen wird. Viele kommen zur Jungschar, aber den Rest der Woche sieht sie diese Kinder nicht. Die meisten Kinder, wenn sie zu alt für die Jungschar sind, sieht sie nur noch ganz selten. Eines Tages jedoch stand ein Mädchen in der Tür, kurz vor der Jungscharstunde. Auf den ersten Blick erkannte die Mitarbeiterin sie und freute sich, sie wiederzusehen. Dieses Mädchen war nun kein Jungscharkind mehr, sondern schon ein Teenager geworden. Sie fragte, ob sie nicht in der Jungschar mitarbeiten dürfte. Die Leiterin war im ersten Moment etwas überrascht, weil in ihren Erinnerungen dieses Mädchen nicht eines von den leichtesten war. Das Mädchen erzählte weiter: „In den Jahren, in denen ich in die Jungschar ging, habe ich mich immer geborgen gefühlt. Ich wusste, hier ist ein Stück Zuhause für mich. Die Jungschar hat mir in meinem Leben immer den Halt gegeben, den ich brauchte. Seitdem ich nicht mehr hier hingegangen bin, fehlt mir etwas: der Halt in meinem Leben. Ich habe viel Mist gebaut und will damit aufhören. Ich vermisse die Gemeinschaft, den Halt und die Zeit, von Jesus zu hören. Ich hatte es hier immer so toll und ich möchte gern den anderen Kindern so einen Ort ermöglichen, an dem sie Halt für ihr Leben finden, und dabei mithelfen." Die Leiterin hat ihr die Möglichkeit gern gegeben. Heute ist sie eine Mitarbeiterin, die mit Feuer und Flamme dabei ist und sich gern in der Jungschar einsetzt und viel Zeit mit den Jungscharkindern verbringt.*

# 1. Gebet, das begeistert

*„Gott ruft uns in die völlige Abhängigkeit von ihm hinein, in einer Zeit, in der wir keine Antwort haben: Er will, dass wir uns seine Gedanken über diese Generation anhören, dass wir ihn fragen, wo wir hingehen sollen, und das Unerwartete erwarten."*
aus: Den Kindern eine Chance! Wie Kinder das Evangelium erfahren können, S. 14. Abdruck mit freundlicher Genehmigung.

Was würde passieren, wenn wir anfangen würden, für jedes Kind namentlich zu beten und Jesus zu bitten, dass die Kinder die Möglichkeit bekommen, Jesus nachzufolgen, und jedes christliche Kind durch Gebet am weltweiten Missionsbefehl teilnimmt?

Bist du noch bereit das Unmögliche von Gott zu erwarten? Willst du Gott in den Ohren liegen für die Nöte, Probleme und Sorgen deiner Kinder? Seine Versprechen einzugreifen ziehen sich durch die ganze Bibel. Er sagt:

*„Wenn es einem von euch an Weisheit fehlt,*
*soll er Gott darum bitten*
*und er wird sie erhalten.*
*Denn Gott teilt seine Gaben an alle aus –*
*ohne Vorbehalte oder Vorwürfe."*
Jakobus 1,5

Und weiter:
*„Ihr bekämpft und bekriegt einander sogar.*
*Und dennoch bekommt ihr nichts,*
*weil ihr Gott nicht darum bittet."*
Jakobus 4,2b

Jesus selbst sagt:
*„Bittet*
*und es wird euch gegeben!*
*Sucht*
*und ihr werdet finden!*
*Klopft an*
*und es wird euch aufgemacht!"*
Matthäus 7,7

An anderer Stelle steht:
*„Wenn ihr mit mir verbunden bleibt
und meine Worte im Innersten bewahrt,
dann gilt:
Was immer ihr wollt,
darum bittet –
und eure Bitte wird erfüllt werden."*
Johannes 15,7

Berge der Angst, des Zweifels, der Hindernisse müssen verschwinden, weil Jesus stärker ist als all unsere Sorgen und Bedenken. So könnten wir jetzt noch ein paar Seiten weitermachen. Glaubst du seinem Wort mehr als den Umständen? Bitte ihn doch einzugreifen, zu handeln, weil es auch sein größter Wunsch ist, Menschen zu retten (vgl. 1. Tim 2,4). Bitte ihn um alles, was du brauchst, um Kinder für ihn zu begeistern. Wenn dir Kreativität fehlt, dann bitte ihn darum! Wenn dir Liebe zu den Kindern fehlt, dann bitte ihn darum! Wenn dir Ideen, Freude, Begeisterung, was auch immer, fehlt, dann bitte ihn. Er gibt gern!

Jesus hat von uns nie gefordert, aus eigener Kraft Kinder für ihn zu begeistern. Er hat alles, was wir brauchen.

## *Praktische Begeisterungstipps*
- Triff dich mit anderen, um für die Kinder in eurem Ort namentlich zu beten. Beginne bei den Kindern in deinem Kreis / deiner Gemeinde und bete dann auch für alle Kinder des Ortes. Diese Verse können euch dabei ermutigen:

*„‚Herr,
höre jetzt,
wie sie uns drohen.
Hilf uns, deinen Dienern,
deine Botschaft mutig und offen zu verkünden.
Strecke deine Hand aus
und heile Kranke!
Lass Zeichen und Wunder geschehen
durch den Namen deines heiligen Dieners Jesus.'
Nachdem sie so gebetet hatten,
bebte die Erde an dem Ort,
wo sie versammelt waren.
Der Heilige Geist erfüllte sie alle,*

*und sie verkündeten das Wort Gottes
mutig und offen."*
Apostelgeschichte 4,29-31

- Suche in deiner Gemeinde Gebetspaten, die für die Kinder in deinem Kreis regelmäßig (am besten täglich) beten.
- Schreibe die Nöte, Herausforderungen ... deiner Kinder auf und bete an einem Tag der Woche (vielleicht während der Vorbereitung für die Stunde) für jedes Kind.
- „Bete!"-App für Smartphones: Dort kann man seine Gebetsanliegen notieren und einstellen, dass man regelmäßig an seine Gebetsanliegen erinnert wird. Kostenlos gibt es sie unter https://itunes.apple.com/de/app/bete!/id400830265?mt=8.
- Fordere deine Kinder jede Woche heraus, für Gottes Eingreifen im Leben von Menschen zu beten (Missionare in anderen Ländern, Kranke ...). Dafür ist es gut, Informationen über Missionare und Menschen aus der Gemeinde zu haben und auch dann von Gottes Eingreifen im Leben dieser Menschen zu berichten.
- Lass Gebet zu einem wichtigen, „heiligen" Element in deiner Stunde werden. Bete für deine Kinder während der Stunde. Dies kannst du ihnen sagen, dass du es tust, aber du kannst auch in Gedanken in der Stunde die Kinder segnen.
- Zeige Kindern durch Gottes Wort, welche Versprechen auf dem Gebet liegen.

## 2. Vorbild, das begeistert

*„Predige mit deinem Leben, und wenn es nötig ist, benutze dazu auch Worte!"*
Franz von Assisi

### Vorbilder haben ist nicht schwer, Vorbild sein um so mehr!

Kinder sind auf der Suche nach Vorbildern, nach Stars und Helden. Sie wollen erleben und sehen, wie andere von Jesus begeistert sind. Sie sind „Kopierer". Jeder Mensch, besonders Kinder suchen nach leidenschaftlichen Vorbildern. Wir haben die Chance, gute, prägende und begeisternde Vorbilder zu sein.

Bist du begeistert von Jesus Christus? Bist du begeistert von der Bibel, dem Powerbuch oder Liebesbrief Gottes? Liebst du es, mit Gott Zeit zu verbringen? Freust du dich, in die Gemeinde zu gehen und von Gott zu hören? Wenn du einiges mit Ja beantworten kannst, herzlichen Glückwunsch, dann bist du ein Vorbild, an dem Kinder Gott selbst sehen können! Denn die Begeisterung, die in dir steckt, werden andere und vor allem Kinder wahrnehmen.

*„Denn wovon das Herz voll ist,
davon redet auch [der] Mund."*
Lukas 6,45b

Von den Dingen, die mich begeistern, fällt es mir nicht schwer zu reden und andere damit zu überzeugen. Wer begeistert von einem Fußballverein ist, der wird anderen immer erzählen, dass dies der beste Verein der Welt ist, auch wenn sie gegen den Abstieg spielen. Wer begeistert von einem Film ist, wird anderen vorschwärmen und Szenen im Detail erzählen können.
Packt dich die Gute Nachricht noch? Ist es noch unbeschreiblich schön, unglaublich, dass Jesus dich liebt? Dann benutze deine Worte, um deine Leidenschaft noch mehr sichtbar werden zu lassen, damit viele Kinder sagen: „Weil mein Mitarbeiter so begeistert von Jesus ist, will ich auch ein Freund von Jesus werden!"

## Wenn das viele Fragen zur Freundschaft wird – Freundschaft im Leben!

*Ich (Jörg) war auf einer meiner ersten Kinderfreizeiten, die ich geleitet habe. Es war eine sehr kleine Kindergruppe. Dadurch hatten wir aber die Möglichkeit, viel Zeit mit den Kindern zu verbringen. Jeden Tag haben wir angeboten, dass einer von uns Mitarbeitern in der Fragezeichenecke sitzt. Dort konnten die Kinder in der Mittagspause ihre Fragen loswerden. Es waren manchmal sehr einfache Fragen, manchmal auch Fragen, die nur schwer zu beantworten waren.*

*Eines Mittags war ich an der Reihe, in dieser Ecke zu sitzen, als Ruben (damals 11 Jahre) in die Ecke kam und mich sehr schnell mit einer sehr persönlichen Frage überfiel. Er fragte: „Du, Jörg, wenn meine Mama und mein Papa sterben würden, darf ich dann zu dir kommen und bei dir leben?" Diese Frage hat mich kurz etwas unsicher gemacht und ich musste erst mal schlucken. Dann fragte ich ihn, wieso er denn an so etwas denken würde. Er antwortete: „Nur so!" Ich erklärte ihm, dass ich ihn sehr gern mag, und sollte es mal zu dem Fall kommen, würde ich gern für ihn da sein. Er wollte schon wieder gehen, da sagte er mir, dass ich ab jetzt nun wie ein Papa für ihn sei. Und er hätte da noch eine Frage, ob Jesus wirklich immer bei uns Menschen ist. Ich sagte ihm, dass Jesus immer da ist. Er war überglücklich, weil er nun genau wusste, dass die Freundschaft von Jesus keine Geschichte war, sondern stimmt. Er sagte mir, wie cool Jesus ist. Denn er hatte mit Jesus ausgemacht, dass, wenn ich sagen würde, dass er zu mir kommen könnte, wenn seine Eltern tot wären, dann wüsste er nun, dass Jesus wirklich seine Gebete hört. Dafür hatte er nämlich gebetet.*

Als sein richtiger Papa ihn und einen anderen Mitarbeiter von der Freizeit abholte, war Ruben total glücklich. Der andere Mitarbeiter sagte mir später, dass Ruben im Auto auf dem Heimweg mehrmals sagte, dass es so cool sei, dass Jesus sagt: „Ich bin bei euch alle Tage bis an der Welt Ende!" Bis heute ist Ruben ein glücklicher und fröhlicher Junge. Er fährt oft bei mir auf Freizeiten mit und sagt bis heute Papa zu mir. Das Fragen hat seine Freundschaft zu Jesus bestätigt.

In der Bibel wird von Menschen erzählt, die trotz ihrer Menschlichkeit für andere Vorbilder waren. Zum Beispiel Mose. Er war ein großer Mann der Geschichte. Gott hat ihm große Verantwortung gegeben und ihm das ganze Volk anvertraut. Aber was steckt alles in diesem „großen" Mann? Er ist ein Adoptivkind und ein Mörder. Er hat an Gott gezweifelt und war so zornig, dass er die Steintafeln mit den Zehn Geboten zerschmetterte. Genau diesem Mann wurde ein ganzes Volk anvertraut. Manchmal denkst du vielleicht: Gott hat mir die Jungschar- oder Kindergottesdienstgruppe anvertraut. Ob das was wird? Wenn ich in mein Leben schaue, dann kann ich da wenig vom Vorbild Gottes entdecken.

Ein Mitarbeiter sagte mir mal: „Ich will kein Vorbild für die Kinder sein, denn ich mache so viele Fehler!" Mitarbeiter sind immer Vorbilder. Es ist aber nicht schlimm, wenn Kinder erleben, dass wir etwas falsch machen oder falsch reagieren. Stehst du zu deinen Fehlern, vergibst du den Kindern und andern? Dadurch lernen Kinder, dass wir nicht perfekt sind, aber wissen, wie wir mit unseren Fehlern umgehen.

Von David wird erzählt, dass er Gott ehrte. Gott selbst sagt von David, dass er ein Mann nach seinem Herzen sei (vgl. 1. Sam 13,14), trotz seiner Fehler, die er gemacht hat. Sein Name soll immer auf dem Königsthron Israels sein. Dadurch ist er Vorbild für uns heute. Wir ziehen nicht in den Krieg oder sind König von einem Volk, aber wir können Menschen sein, die Vorbild sind, die von Gott begeistert sind und sagen können: „Ich habe ein Herz, das für Gott schlägt!"

### Suche nach dem Vater – „Darf ich Papa zu dir sagen?"
*Ich (Jörg) war mit einer Schulklasse unterwegs. Wir hatten ein Erlebnispädagogiktag, der nun fast zu Ende war. An diesem Tag hatte ich immer mal wieder den Schülerinnen und Schülern, es war eine 5. Klasse einer Realschule, von Gott als Vater erzählt und ihnen in unterschiedlichen Spielaktionen das Thema Vertrauen nähergebracht.*

Wir machten uns schon auf den Heimweg von unserer Wanderung, als einer der Jungs zu mir sagte: „Du, Jörg, möchtest du nicht mein Papa sein?" Ich war im ersten Moment ganz schön überrascht über diese Aussage des Jungen. Ich fragte ihn, wieso er denn mich als seinen Papa haben möchte und ob nicht ein toller Vater zu Hause auf ihn warten würde. Er erzählte mir, dass sein Papa noch nie mit ihm im Wald war und dass er nie Zeit hat, um mit ihm zu spielen. Er sagte, dass er mich als Papa haben möchte, weil er mir vertraut und ich doch erzählt habe, dass man seinem Papa vertrauen kann. Ich sagte ihm, dass ich von Gott als Vater gesprochen habe, der Himmel und Erde gemacht hat, und dass er ihn viel mehr lieb hat, als ich ihn jemals lieb haben könnte. Und dass sein Papa zu Hause ihn doch bestimmt auch ganz doll lieb hat. Ich erklärte ihm nun, dass Gott auch einen Sohn hat, der Jesus heißt. Jesus hat uns gesagt, dass Gott uns so sehr lieb hat und unser Vater sein will. Plötzlich strahlten die Augen des Jungen und er sagte: „Ich finde es toll, dass Gott mich lieb hat, und ich möchte, dass Gott mein Papa ist." Mit diesen neuen Gedanken ging er fröhlich nach Hause und wollte nun auch in der Bibel lesen, um mehr über diesen Vater zu lernen. Ich habe ihm vorgeschlagen, dass er mal mit seinem Papa zu Hause reden und ihn fragen sollte, ob sie vielleicht mal zusammen in den Wald gehen oder ob er ihm sogar mal aus der Bibel vorliest.

*Praktische Begeisterungstipps*
- Verbringe so viel Zeit mit Gott, wie du kannst. Lies sein Wort, rede mit ihm und finde immer neue Wege, kreativ mit ihm deine Zeit zu verbringen.
- Verbringe Zeit (auch durch Bücher, Podcasts, Internet ...) mit Menschen, die dich für Jesus begeistern und deine Leidenschaft in der Arbeit mit Kindern immer wieder anfeuern.
- Suche dir einen Mentor, der dich bei Fragen, Herausforderungen oder Schwächen begleitet, berät und fördert.

## 3. Vorbereitung, die begeistert

Das Beste ist für Gott selbstverständlich, oder? Er ist es wert, dass wir unsere Kraft und Zeit einsetzen, um ihn groß zu machen.
Sei gut vorbereitet. Sei so vorbereitet, dass von deiner Seite aus nichts schiefgehen kann. Zu einer wirklich guten Vorbereitung gehört, dass die Verkündigung in deinem Herzen und deinem Kopf ist. Du musst wissen (am besten auswendig), was du sagen willst. Habe alles Material, das du für die Stunde brauchst, rechtzeitig vorbereitet.

Überlege dir, wie du die einzelnen Spiele erklären willst. Sei so vorbereitet, dass alle organisatorischen Fragen vor der Stunde geklärt und vorbereitet sind, damit du dich ganz auf die Kinder einlassen kannst.

*Praktische Begeisterungstipps*
- Die beste Vorbereitung kostet dich etwas, und zwar Zeit. Plane dir diese Zeit für deine Vorbereitung ganz bewusst ein.
- Sei selbst begeistert von dem, was du da machst. Wie du von Jesus erzählst, muss deine Art und Persönlichkeit sein. Von anderen etwas kopieren („So wie er es macht, will ich es auch können"), ist nicht hilfreich, weil es nicht authentisch ist. Du musst von der Geschichte, von Jesus und der Methode begeistert sein.

## 4. Begeisterte Hingabe

**DEINE KINDERGRUPPE**

Dein Programm
Verkündigung
Spiele
Kleingruppen
Disziplin
Besondere Aktionen
....

Liebe das Fundament aller Begeisterung für die Arbeit mit Kindern!
**1. Korinther 13**

„Wenn ich der beste Geschichtenerzähler und der beste Kindermitarbeiter wäre, den es gibt, und hätte keine Liebe, wäre es umsonst. Wenn ich alles richtig machen würde, voller Begeisterung für die Kinder wäre, aber ich hätte keine Liebe, wäre es nichts wert" (nach 1. Korinther 13, frei wiedergegeben).

Liebe soll die Grundlage unserer ganzen Tätigkeit sein. Wenn ich Kinder nicht liebe, dann erreiche ich sie auch nicht. Alle meine Anstrengungen werden vergeblich sein, wenn ich diesen Grundsatz nicht berücksichtige.

## Beziehung zeigt Kindern den Gott, der Freundschaft will

Kinder haben ein Gespür für Worte, denen die Taten widersprechen. Beziehung, die mit dem Programm endet, ist eine sehr terminierte Beziehung zu einem Menschen und ist eine Predigt für jeden, der an unserem Programm teilnimmt, die sagt: „Vor und nach dem Programm möchte ich mit dir nichts zu tun haben."

## Zeit ist der „Brutkasten" des Glaubens

„Brutkasten" finde ich ein gutes Wort, um zu beschreiben, wie wertvoll die Zeit ist, die wir Kindern schenken. Ein Brutkasten sorgt dafür, dass sich ein Säugling, der zu früh auf die Welt gekommen ist, in einer geschützten, geborgenen und warmen Umgebung voll entwickeln kann. Zeit, die man diesem kleinen Erdbewohner gibt und die man auch nicht beschleunigen kann. Zeit, egal wie viel oder welche Qualität sie hat, ist wertvoll und wichtig.

## Gemeinschaft, die Herzen öffnet

„Ich darf mitmachen, auch wenn ich noch kein Freund von Jesus bin. Cool!" Das Kind darf in diese tolle Kindergruppe kommen, auch wenn es noch nicht alle Regeln kennt, keine Ahnung von Jesus hat, und alle freuen sich, wenn Neue kommen.

*Praktische Begeisterungstipps*
- Sei vor den Kindern da und bereite alles vor, um für jeden Einzelnen, der kommt, Zeit zu haben.
- Rufe an, besuche deine Kinder, wenn sie 1- bis 2-mal nicht da waren.
- Mache es zu einem Highlight, wenn neue Kinder in eure Gruppe kommen (Begrüßungsgeschenk, der goldene Stuhl (ein besonderer Platz, auf dem nur Neue sitzen dürfen), das Kind darf bei einem Spiel der „Bestimmer" sein usw.).

# 5. Kreative, begeisternde Verkündigung – das Beste der ganzen Stunde

Ein Kind fragte mich in einer Gruppenstunde: „Wann kommt die Geschichte?" Diese Frage motiviert mich sehr und sollte das Ziel unserer Zeit mit den Kindern sein. Die Geschichte (Verkündigung) sollte so gut sein, dass sie für die Kinder das Highlight in der Woche ist.

*Begeistert, um zu begeistern*

Um das zu erreichen, musst du dir noch etwas Grundsätzliches deutlich machen. Wie können sich Menschen Dinge am besten merken? Eine Tabelle soll das verdeutlichen.

| Methode | möglicher Lerneffekt |
|---|---|
| Hören der Botschaft | 10 % |
| Hören und Sehen der Botschaft | 20 % |
| Hören, Sehen und selbst Aussprechen | 50 % |
| Selbst erleben | 90 % |

Die beste Botschaft der Welt muss deshalb nicht nur unser Hörorgan erreichen, sondern vielmehr handgreiflich erlebbar sein, sonst kann sie nicht viel bewirken. Jesus hat es selbst in seiner Verkündigung und seinen Heilungen deutlich gemacht. Und er selbst fordert uns auf:

*„Wie mich der Vater gesandt hat,
so beauftrage ich jetzt euch!"*
Johannes 20,21

# METHODEN, DIE BEGEISTERN

Jesus ist Liebe

Gott und ich halten zusammen!

Gott u. Jesus sind die besten!

Gott

# Methoden, die begeistern

In diesem Kapitel soll es nicht um die Erarbeitung einer Geschichte, sondern nur um die Präsentation gehen, damit die biblische Geschichte der Höhepunkt der Stunde werden kann. Eine sich inhaltlich nie verändernde Botschaft von Jesus Christus muss immer wieder eine neue Form finden, damit sie das Leben der Menschen erreicht. Jesus selbst war sehr kreativ in seiner Verkündigung, die nicht nur aus Worten bestand, sondern auch in Taten (Wunder, Heilungen, Kindersegnung ...) deutlich wurde. Die Verkündigung wurde immer durch sichtbare Zeichen unterstützt. Jesus hatte dabei die Lebenswelt der Menschen im Blick. Vor Bauern sprach er vom Sämann, vor Hausbesitzern sprach er vom Haus auf dem Felsen und auf dem Sand. Er verwendete Bilder, um die Liebe Gottes auf möglichst vielerlei Arten den Menschen zu zeigen. Davon sollten wir lernen, weil wir wissen, dass jedes Kind die Worte aus unserem Mund anders wahrnimmt. Um so vielseitiger und überraschender deine Verkündigung ist, um so besser ist es!

## 1. Sprache – einfach, einfach, einfach!

*„Denn an seiner Lehre erkannten sie,*
*dass Gott ihm die Vollmacht dazu gegeben hatte –*
*ganz anders als bei den Schriftgelehrten."*
Matthäus 7,29

So äußerten sich die Menschen über die Verkündigung von Jesus. Sie war verständlich, hatte eine einfache Sprache, kurze Sätze und war mit allen Sinnen (z. B. bei der Speisung der 5000 Menschen) zu erfassen.

Kinder verstehen zum größten Teil alles wörtlich. Wenn ich z. B. in einer Geschichte sage: „Da habe ich aber Geld zum Fenster rausgeworfen!", oder als Jeremia das Volk warnte und sie nicht hörten, erzähle ich: „Da hatten sie den Salat!", dann meine ich ja nicht wirklich, dass ich Geld zum Fenster rausgeworfen habe oder sie etwa für ihr Fehlverhalten Salat bekommen hätten. Sondern ich meine die Bedeutung, die hinter diesem Bild, dieser Redewendung steht. Gesagt habe ich aber genau das. Das kann manchmal sehr lustig sein oder auch mal als Mittel verwendet werden, um Kinder aufmerksam zu machen. Wenn es allerdings zu häufig vorkommt, dann bringen diese abstrakten Bilder und Redewendungen, die eine Bedeutung haben, die von den Kindern nicht verstanden wird, eher Verwirrung und Ablenkung als

Verständnis. Am besten so wenig wie möglich solche Bilder und Redewendungen gebrauchen. Ähnlich ist es mit Fachbegriffen oder theologischen Schlagwörtern. Denn wenn Kinder dich nicht verstehen, dann kann die Botschaft auch nicht ihren Verstand erreichen.

In der biblischen Geschichte von Philippus und dem Finanzminister aus Äthiopien wird das deutlich. Philippus fragte den Äthiopier: *„Verstehst du eigentlich, was du liest"* (vgl. Apg 8,30)? Als Philippus es ihm dann erklärt und er es verstanden hatte, konnte er auch glauben und ließ sich taufen. Dann zog er fröhlich seines Weges. Deshalb ist es wichtig, sehr genau auf kindgerechte Sprache Wert zu legen, weil sie entweder Verständnis und Glauben bewirken kann oder auch Unverständnis. Eine weitere negative Auswirkung, wenn Kinder die Botschaft nicht verstehen, ist, dass sie anfangen, sich mit Dingen zu beschäftigen, die sie verstehen, und wenn es nur das ist, dass sie ihren Nachbarn ärgern.

## 2. Erzählen – Tipps und Tricks

Damit eine Erzählung lebendig und begeisternd sein kann, kannst du die Personen in deiner Geschichte selbst zu Wort kommen lassen. Etwa so:
*Richtig* Petrus rief: „Niemals! Niemals werde ich dich verlassen, Jesus! Die anderen vielleicht, ich aber auf keinen Fall!"
*Falsch* Petrus sagte dann, dass er Jesus niemals verleugnen würde.

Die Geschichte wird auch dadurch spannend, dass dein Gesicht und deine Körpersprache den Gefühlen entspricht, von denen du gerade erzählst. Wenn du von einer traurigen Sache erzählst, dann sollte dein Gesicht auch traurig aussehen und deine Körperhaltung eher geknickt sein. Wenn du davon erzählst, dass Gott über dich jubelt, dann sitze nicht ruhig auf deinem Stuhl und erzähle das, sondern springe auf, reiße die Arme in die Luft und rufe laut: „Yeah!" Dein Körper erzählt die Geschichte mehr als dein Mund. Denn dein Körper ist das Werkzeug, der Träger der guten Nachricht, und deshalb setze ihn ein, damit durch deinen Körper etwas von deiner Begeisterung, deiner Leidenschaft sichtbar wird.

Damit du in einer Geschichte wirklich leben kannst und sie deinen Körper, deine Gedanken und dein Herz packt, hilft es, wenn du dich in eine Person der Geschichte hineinversetzt. Wenn du z. B. von Petrus im Gefängnis (vgl. Apg 12) erzählst, dann lies in deiner Vorbereitung die Geschichte nicht als Beobachter, sondern „werde"

*Methoden, die begeistern*

Petrus. Lies die Geschichte, wie wenn du in der Situation von Petrus drin wärst. Dann wirst du Dinge entdecken, die komisch sind (z. B.: Warum schlief er, wo er doch wusste, dass er am nächsten Tag hingerichtet werden wird? Wie konnte er das?). Diese Fragen helfen dir, die Geschichte lebendig zu erzählen und auch diese Fragen an die Kinder zu stellen bzw. sie im Erzählen zu beantworten. Dann wird deutlich, was sein Verhalten mit Jesus zu tun haben könnte.

Sollte in einer Geschichte eine Person keinen Namen haben (z. B. der Reiche Jüngling, Mt 19,16-26, oder der Gelähmte und seine Freunde, Mk 2,1-12), dann hilft es dir und vor allem den Kindern, dass du den Personen einen Namen gibst. Überleg dir einen Namen und sag dazu: „In der Bibel hat er keinen Namen, aber ich möchte ihn ... (Name einsetzen) nennen." Das hilft den Kindern, sich in diese Person hineinzuversetzen, und es hilft dir beim Erzählen, dass du die Person nicht mit ihren Eigenschaften umschreiben musst, sondern beim Namen nennen kannst.

Damit die Kinder dir gut zuhören können, setze sie so, dass du alle anschauen kannst. Bei Kindern sind Augen und Ohren miteinander „verknüpft". Wenn du Kinder nicht anschaust, wirst du sie nicht erreichen und sie werden dir auch nicht zuhören.

*Zusammenfassend könnte man zu begeisterndem Erzählen sagen:*
- Steh auf beim Erzählen, damit du deinen ganzen Körper und dein Gesicht einsetzen kannst.
- Stellt dich so, dass du jedes Kind anschauen kannst.
- Arbeite mit deiner Stimme (schnell, langsam, laut leise, viel wörtliche Rede).
- Verwende ein gutes sichtbares Hilfsmittel beim Erzählen.

Dann hast du eine gute Voraussetzung, Kinder für die Botschaft zu begeistern. Weitere Ideen findest du unter „Kreative Methoden, die begeistern können" ab Seite 52.

## 3. Von der Bibel begeistert?

Bei jeder Verkündigung hast du die Chance, Gottes Wort begeistert anzupreisen. Das Ziel der Verkündigung ist ja nicht, dass die Kinder viele Geschichten kennen, sondern dass sie neugierig werden, Gottes Wort selbst in die Hand zu nehmen und darin zu lesen.

Wenn du die Bibel in die Hand nimmst, dann sprich voller Begeisterung, Hochachtung und Freude von diesem Buch. Gebrauche Begriffe wie Liebesbrief Gottes, Powerbuch, Bedienungsanleitung zum Leben, um damit den Kindern zu zeigen, was dieses Buch für dich bedeutet. Sprich davon, dass du heute wieder eine unglaublich spannende Geschichte aus diesem Buch dabeihast. Schwärme von den vielen Geschichten, die da auch noch drinstecken und die du gern den Kindern erzählen wolltest.
Erzähle die Geschichte Gottes mit den Menschen und wie er in Beziehung zu ihnen kommen will. Die Bibel ist das lebensverändernde Wort Gottes, das die Kraft hat, in den Alltag hineinzuwirken. Die Bibel ist in Geschichtsform erzählt. Das ist für Kinder, aber auch für Erwachsene ein guter Anknüpfungspunkt in ihrer Fantasie.

## 4. Vom Gebet

„Jetzt beten wir noch schnell!" Dieser Satz nach der Andacht kommt einem manchmal schnell über die Lippen, drückt aber auch den Stellenwert des Gebets aus. Die Botschaft, die hinter so einem Satz steckt, ist: „Beten ist ein notweniges Übel, das man halt so macht!" Bist du begeistert davon, dass du mit dem Schöpfer der ganzen Welt sprechen darfst, dass er dir zuhört und dich ernst nimmt? Deine persönliche Haltung zum Gebet wird sich auch in der Zeit mit den Kindern zeigen. Wenn du sagst: „Wir reden jetzt noch mit Jesus, das heißt beten. Ich rede sehr gern mit Jesus, dem König der ganzen Welt. Wow, stellt euch vor, der König der ganzen Welt hört mich! In meinem Gebet mache ich eine Pause und da könnt ihr mit Jesus reden. Wisst ihr, er freut sich wie verrückt darauf, wenn ihr mit ihm redet. Er ist schon ganz gespannt, was ihr ihm sagen werdet. Er würde euch gern helfen und euch starkmachen. Sagt es ihm einfach. Wir haben dafür jetzt Zeit." Wenn du so oder so ähnlich das Gebet einleitest, dann wird deine Haltung gegenüber dem Reden mit Gott deutlich und Kinder lernen Gebet als etwas unglaublich Wertvolles kennen.

Damit dieser Teil der Stunde auch kreativ und immer wieder neu überraschend sein kann, kannst du unterschiedliche Gebetshaltungen mit Kindern ausprobieren. In der Bibel gibt es sehr viele unterschiedliche Haltungen. Vielleicht könntest du mit deinen Kindern diese Stellen entdecken und gleich ausprobieren. Einige Gebetshaltungen sind knien, stehen, liegen, stehen und Arme ausgestreckt zum Himmel ...

*Methoden, die begeistern*

Darüber hinaus können auch unterschiedliche Gebetsarten mit den Kindern erarbeitet werden. Auch hier hat die Bibel viele Beispiele, z. B. zu Gott schreien, klagen, jubeln, ihn anbeten, danken ... Die Bibel ist voll von einem reichen Schatz an unterschiedlichen Formen von Gebeten (Psalmen), die man auch mit Kindern lernen und sprechen kann.

Kinder können Gott anbeten und deshalb kannst du das auch fördern. Wenn in der Kindergruppe gesungen wird, kann auch ein Lied als Anbetung erklärt werden. Die Kinder sollen dieses Leid bewusst als Gebet für Gott singen. Wenn sie das Lied auswendig können, dann können sie es auch mit geschlossenen Augen singen.

Mach Gebet zu einem wertvollen unvergesslichen Bestandteil deiner Gruppenstunde, aber vor allem deines persönlichen Lebens. Denn die Kinder werden dich vor allem kopieren und nicht deine Lehre übernehmen. Wenn du wirklich echt vom Reden mit Gott begeistert bist, dann werden deine Kinder das auch immer mehr lernen.

## 5. Kreative Methoden, die begeistern können – eine kleine Auswahl

Vorab eine wichtige Vorbemerkung: Methoden haben keinen Selbstzweck. Methoden haben immer die Gefahr, dich als Verkündiger in den Mittelpunkt zu rücken. Das ist nicht unser Ziel. *Gott* wollen wir ehren, von ihm wollen wir begeistert erzählen. Wenn du merkst, dass eine Methode dazu führt, dass die Kinder die Methode (Zaubertrick ...) oder dich mehr beachten oder wahrnehmen als Gott, dann ist es sicherlich nicht die richtige Methode. Hier gilt es gut abzuwägen. Kinder werden immer auch durch eine gute Beziehung zum Mitarbeiter und durch eine beeindruckende Methode viel besser zuhören. Dennoch solltest du diesen Punkt nicht aus dem Blick verlieren und jeweils überlegen, was hier im Vordergrund steht.

Es gilt der Grundsatz: „Wer Kinder nicht liebt, erreicht sie nicht" (vgl. 1. Kor 13)! Das Bild mit dem Fundament der Liebe, auf dem das Haus der Kindergruppe steht (siehe Seite 43), gilt auch für die Verkündigung. Wenn die Liebe zu den Kindern nicht da ist, dann ist alles andere „nichts" wert. Bete deshalb vor einer guten Methode um Liebe für jeden Einzelnen, der kommt. Dann kannst du dir eine Methode aussuchen, um Kinder für Jesus zu begeistern. Übe die Methode sehr gut ein, sodass du beim Erzählen nicht auf die Ausführung achten musst, sondern dich ganz auf die Verkündigung konzentrieren kannst.

*Methoden, die begeistern*

Die beste Verkündigungsmethode ist es, Kinder neugierig zu machen. Ein kleines Beispiel, das deutlich macht, wie Neugier die Aufmerksamkeit nicht nur von Kindern fördert, sodass sie ja nichts verpassen wollen:

> *Ein Pastor war frustriert, dass in seinem Gottesdienst die Leute oft abwesend wirkten und manche sogar einschliefen. Lange überlegte er, bis er einen genialen Einfall hatte. Für den nächsten Sonntag hatte er wie gewohnt seine Predigt vorbereitet. Das „Vorprogramm" war beendet und er bestieg die Kanzel. Dieses Mal hatte er aber nicht nur sein Predigtmanuskript dabei, sondern auch einen Wasserkocher. Er stellte den Wasserkocher gut sichtbar für alle auf die Kanzel und begann mit seiner Predigt. Sofort hatte er die Aufmerksamkeit aller Zuhörer. Sie waren neugierig, was es mit diesem eigenartigen Gegenstand für eine Predigt auf sich hatte. Keiner wollte den Moment verpassen, wenn der Pastor etwas zu dem Wasserkocher sagen würde. Aber bis zum Ende der Predigt verlor der Pastor kein einziges Wort über den Wasserkocher. Er beendete seine Predigt mit einem Gebet, nahm den Wasserkocher und sein Predigtskript und setzte sich auf seinen Platz. Beim nächsten Lied schmunzelte der Pastor vor sich hin. Es hatte geklappt. Keiner wirkte unaufmerksam oder war eingeschlafen. Nach dem Gottesdienst hatte dieser Pastor so viele Gespräch über die Predigt wie nie zuvor. Der Trick automatisierte Aufmerksamkeit.*

Baue in deine Stunde solche Elemente ein, die die Kinder neugierig machen. Hänge z. B. eine Tafel Schokolade an die Decke und sage nichts dazu. Kinder warten auf das, was da kommt. Damit sie sich nicht veräppelt fühlen, kannst du sie am Ende der Stunde als Preis verteilen oder in die Geschichte einbauen. Mache in jeder Stunde etwas Überraschendes, sodass sich Kinder fragen: „Was kommt heute wieder?" Wenn sie mit dieser Haltung in die Stunde kommen, ist ihre Aufmerksamkeit gesichert, weil Menschen, vor allem Kinder, unglaublich neugierig sind.

Die unterschiedlichen Methoden, die hier jetzt vorgestellt werden, sollen genau zu diesem Punkt eine Hilfe und eine Ideenanregung sein.

### Powerpoint-Geschichte
*Material:* Computer mit Powerpoint-Programm o. Ä., digitale Bilder, Beamer/Leinwand (*Tipp:* zu empfehlen ist die Bildersammlung „Jungschar let's go. Die Grafik-CD", **BORN**-VERLAG, erhältlich unter www.bornverlag.de)

Bei dieser Methode kann man eine Geschichte mit einigen Bildern zusammenstellen. Mithilfe der Bilder kann die Geschichte lebendig werden. Es können auch Texte und Sprechblasen eingesetzt werden, um dem Gesagten ein Bild zu geben. Darüber hinaus können auch Gegenstände aus der Lebenswelt der Kinder (z. B. Spielzeug) fotografiert und eingesetzt werden, z. B. kann die Geschichte mit Legofiguren nachgebaut werden. Eine riesige Sammlung von Legogeschichten findet man in „The Brick Bible" (Infos unter www.thebricktestament.com).

### Tafelbilder/Bilder/Illustrationen
Eine gute Methode, um Kinder für Jesus zu begeistern, sind einfache Bilder oder Zeichnungen (Strichmännchen), die die Geschichte beim Erzählen untermalen. Es hilft Kindern, bei der Sache zu bleiben, wenn anhand von „einem" Bild die Geschichte erzählt wird. Von einfachen Strichmännchen mit Edding / einfachen Stiften bis hin zu Bildern mit Pinsel und Tafel sind der Kreativität keine Grenzen gesetzt. Da uns diese Methode als eine der wertvollsten und effektivsten erscheint, wollen wir sie sehr ausführlich beschreiben.

*Wichtig*
Tafelzeichnen kann jeder lernen, der es lernen möchte. Es gibt beim Tafelzeichnen kein Gut oder Schlecht, sondern nur verschiedene persönliche Stile. Diesen persönlichen Stil kann man entdecken, wenn man mit dem Tafelzeichnen beginnt.

*Material*

| | |
|---|---|
| Tafel | Zum Tafelzeichnen benötigt man eine Tafel mit Tafelgestell. Ein guter Richtwert für die Größe einer Tafel zum Tafelzeichnen ist 120 x 90 cm. Das Tafelgestell kann selbst gebaut werden. Entweder befestigt man die Füße direkt an der Tafel oder man baut aus Holzstangen einen „Dreibeiner" (man kann auch Teleskopstangen verwenden, die im Malerbereich eingesetzt werden). Außerdem kann man sich unter www.oac-d.de auf Anfrage einen Tafelständer mit Tafel kaufen. |
| Papier | In großen Zeitungsdruckereien kann nach Makulaturpapierrestrollen oder Restrollen von Rotationspapier gefragt werden. Diese Rollen sind dort günstig zu kaufen. Mit Foldback-Klammern kann das Papier gut und einfach befestigt und wieder entfernt werden. |
| Pinsel | Man kann verschiedene ausprobieren oder man investiert einmal für die nächsten Jahre gleich richtig und kauft bei OAC (www.oac-d.de, auf Anfrage) die „richtigen Tafelpinsel". |

| | |
|---|---|
| Farbgläser | Grundsätzlich eignen sich alle Gläser in der Größe von Honiggläsern/ Babynahrungsgläsern. Die Gläser sollten nach Gebrauch gut verschließbar (luft- und wasserdicht) sein. |
| Farbkasten | Hier ist alles von der Schuhschachtel bis zur Originalbox von den OAC möglich. Wer es einfach und gut haben möchte, sollte einen passenden Werkzeugkasten (am besten aus Kunststoff) kaufen. |
| Farben | Ob Pulverfarbe, Kaseinfarbe (z. B. PLAKA®) oder Dispersionsfarbe, vieles ist möglich und hat sowohl Vor- als auch Nachteile. Hier gilt es auszuprobieren und auch die Lieblingsfarben zu finden, die für die eigenen Ansprüche am besten geeignet sind. |

nützliches Zusatzmaterial
    Wasserflasche zum Verdünnen (1:1) der Farbe
    Bleistift (um evtl. auf dem Papier etwas vorzuzeichnen)
    Lappen
    Schere und Zollstock (zum Abmessen und Abschneiden des Papiers von der Rolle)

persönliche Vorbereitung
    Bitte alte Kleider oder einen alten „Arbeitskittel" anziehen! Die Kaseinfarbe lässt sich aus Kleidern nur sehr schwer bis gar nicht entfernen!

Sonstiges    Eine Plastikfolie für den Boden ist sinnvoll, da sich Kaseinfarbe aus gewissen Bodenbelägen nur sehr schwer entfernen lässt.

## Buchtipps
- Kluitenberg, Dorothee / Hofius, Ulrich: Praxisbuch Open-Air-Arbeit. Das ABC der Evangelisation im Freien mit einer Einführung in Sketchboard Evangelism und vielen praktischen Tipps, zu beziehen unter www.oac-d.de.
- Bailey, Alan / Hofius, Ulrich: Die beste Botschaft farbig erzählt. Ein Praxisbuch für missionarische Arbeit unter Kindern, zu beziehen unter www.oac-d.de.
- Trommer, Frieder / Velten, Dieter: Jungschar im Aufwind. Handbuch Jungschararbeit, S. 281-292, Kassel 1990, nur noch antiquarisch erhältlich.
- Witzig, Hans: Punkt, Punkt, Komma, Strich. Die Zeichenstunde für Kinder, München [6]2003.
- Lorenzi, Felix: Zeichnen, aber wie, verschiedene Bände, Stuttgart 1996.

## Praktische Umsetzung

Das leere Tafelbild

Das gefüllte Tafelbild

### Der Rahmen
Jedes Bild benötigt einen Rahmen (siehe Beispielbilder). Dieser Rahmen gibt dem Bild eine Begrenzung, die dem Zuhörer hilft, bei der Geschichte und bei dem Bild zu bleiben. Der Rahmen ist eine persönliche Sache des Zeichners und entwickelt sich mit der Zeit. Versuche „deinen persönlichen Rahmen" zu finden.

### Strichmännchen
Sie kann jeder mit wenig Übung malen. Wirklich! Solche Figuren reichen völlig aus, um Menschen und Szenen darzustellen. Versuche, verschiedene Szenen einmal auf Papier darzustellen. Ein Männchen, das geht, ein Männchen, das auf einer Bank sitzt, ein Männchen mit Rucksack usw.

## Hintergrund

Bäume, Sträucher, Gras, Haus, Täler, Palmen, Flüsse, Dörfer, Berge, Vieh sind mit einfachen Strichen leicht gemalt. Üben ist auch beim Hintergrund wichtig, da dieser hilft, die Geschichte lebendig werden zu lassen. Der Hintergrund kann aber beim Erlernen der Methode erst einmal vernachlässigt werden.

## Buchstaben und Text im Bild

Die Negativschrift muss man sich genau ansehen. Dann malt man 30 Kästchen und übt und übt und übt.

**ABCDEFGHIJKLMNOP**
**QRSTUVWXYZ ÄÖÜ !?**

## Vorbereitung für die Tafelzeichnung

- Male auf das erste DIN-A4-Bild das fertige Bild. Male alles auf, damit du das fertige Bild auf Aussehen und Wirkung beurteilen kannst.
- Vergiss nicht, unter die Wörter die Anzahl der Buchstaben zu schreiben, damit du weißt, wie viele Kästchen ein Wort hat.
- Auf das zweite DIN-A4-Blatt malst du das Bild, mit dem du einsteigen möchtest, also ohne Buchstaben (nur Kästchen) und mit angedeuteten Personen, Gegenständen und Gebäuden (halb gemalt und nur so angedeutet, dass man nicht erkennen kann, was daraus entsteht, und die Neugier geweckt wird).
- Wenn du das Tafelzeichnen anfängst, kannst du mit Bleistift auf der Tafel alle schwierigen Stellen vormalen und hast so beim Einteilen des Bildes mehr Sicherheit.
- Wichtig: Teile dir das Blatt (die Tafel) gut ein, damit dir nicht der Platz ausgeht.

## Planung

Wichtig ist, dass man während der ganzen Tafelpredigt „etwas zu sagen" hat. Deshalb muss sie gut vorbereitet sein. Übe die Geschichte einmal ohne Publikum, damit, wenn du an der Tafel zeichnest, nicht zu viele Pausen entstehen. Durch zu lange Pausen verlierst du die Aufmerksamkeit der Kinder. Übung macht den Meister.

*Methoden, die begeistern*

Diese Methode kann auch sehr oft angewandt werden, ohne dass sie für Kinder langweilig wird, da sich das Bild immer ändert und die Neugier jedes Mal neu entfacht wird. Auch können die Bilder mit ausgedruckten Bildern ergänzt und bereichert werden. Dafür werden z. B. Figuren auf Pappe gemalt, ausgeschnitten und Klebeband auf dem gemalten Bild befestigt. Diese Figuren können so auch einfacher die Position wechseln, also z. B. einen Weg entlanggehen. Des Weiteren kann das Tafelzeichnen auch mit anderen Methoden wie den Gegenstandslektionen kombiniert werden.

## Gegenstandslektionen

Mithilfe eines alltäglichen Gegenstandes (Luftballon, Windel, Teebeutel ...) kann eine biblische Wahrheit verdeutlicht werden. Kinder entdecken diesen Gegenstand in ihrem Alltag wieder und werden so an die biblische Wahrheit erinnert.

Ein Beispiel kannst du hier übernehmen. Du brauchst dazu einen Handschuh (oder einen Schuh), Material, mit dem du den Handschuh stopfst (kann auch „sauberer Müll" sein – er steht für Sünde in unserem Leben).

Der gefüllte Handschuh wird präsentiert und gefragt: „Wofür brauchen wir einen Handschuh?" *Kinder antworten lassen.* Wenn ich zu dem Handschuh sage: „Handschuh, komm, du siehst gut aus, du hast alles, was du brauchst, nämlich fünf Finger. Nimm doch mal bitte dieses Buch (am besten die Bibel) und lege sie dort hinüber. Handschuh! Handschuh! Warum passiert nichts?" *Kinder antworten lassen.* „Der Handschuh soll ein Beispiel für mein Leben sein. Gott hat uns geschaffen, damit wir in dieser Welt für ihn zu gebrauchen sind. Aber das geht nur, wenn Gott in mein Leben kommt und mich gebraucht, denn allein kann ich nicht das tun, was Gott gefällt. Das geht nur, wenn die Kraft Gottes in meinem Leben ist. Die Kraft Gottes soll jetzt einmal meine Hand sein. Ich versuche mal, in das Leben von diesem Menschen zu kommen." Versuche, mit der Hand in den Handschuh zu schlüpfen. Weil er voller „Müll" ist, kommt man mit der Hand nicht rein. „Nanu, was ist denn da los?" Die Sachen werden aus dem Handschuh ausgeräumt. „Oh, was ist denn in dem Leben alles, was Gott nicht gefällt und was ihn hindert, dieses Leben zu gebrauchen? Wisst ihr, was das in unserem Leben sein kann?" *Kinder antworten lassen.* „Ich muss erst die Sachen rausräumen, indem ich sie Gott sage und er sie mir dann wegnimmt." Hier könnte ein Hinweis auf Jesus kommen. „Erst dann kann ich mich von Gott gebrauchen lassen. Wenn er das ganze Schlechte aus meinem Leben rausgenommen hat, dann kann seine Kraft in mich kommen und mich gebrauchen und ich kann das tun, was Gott gefällt." Mit einem Gebet wird diese Einheit abgeschlossen. Dabei soll den Kindern die Möglichkeit gegeben werden, Jesus zu bitten, die Dinge aus ihrem Leben wegzunehmen, die ihn aufhalten. Und es kann auch um das Erfülltwerden mit der Kraft Gottes gebeten werden.

- Buchtipp: Ryrie, Charles C.: Zeig's mit Gegenständen, Dillenburg 1997, nur noch antiquarisch erhältlich.

## Kindermitmachgeschichten

Um eine Verkündigung mit allen Sinnen zu gestalten, können Kinder aktiv in die Geschichte eingebunden werden. Z. B. wenn es in der Geschichte regnet, stürmt und donnert, dann sollen das die Kinder mit ihren Händen und Füßen machen. Hab keine Angst davor, dass es in der Verkündigung unruhig zugeht. Das Qualitätsmerkmal einer gut erzählten Geschichte ist nicht unbedingt, dass alles mucksmäuschenstill ist. In der Bibel gibt es sehr viele Geschichten, die eher von Durcheinander und Angst (Sturmstillung) und lautem Schreien (David gegen Goliat) als von absoluter Stille geprägt waren. Deshalb nur Mut, dass es auch mal laut wird, wild zugeht und darum kann man auch ein Durcheinander zulassen. Mit allen Sinnen erleben heißt ja nicht, dass die Kinder still auf ihrem Platz sitzen müssen und nur mit den Ohren, Augen und dem Verstand die Dinge aufnehmen dürfen. Wenn Kinder mit ihrem ganzen Körper die Geschichte mitverfolgen können, dann wird die Geschichte und damit auch die biblische Wahrheit über Gott viel eher in ihrem Leben Wurzeln schlagen, als wenn die Verkündigung nur auf den Verstand ausgerichtet ist. Kinder als Schauspieler mit in die Geschichte einzubauen, damit sie ein Teil davon werden, hilft allen Beteiligten. Diese Methode funktioniert aber nur mit sehr guter Vorbereitung, damit man spontan auf die Reaktionen der Kinder eingehen kann. Es ist aber gut möglich, wenn man weiß, was man sagen möchte und wie die Geschichte weitergeht, auch wenn man an einem Punkt etwas ausführlicher erzählen muss oder es etwas chaotischer war. Man könnte auch von einem „kreativen Chaos" sprechen.

## Erzählen mit Gegenständen aus der Geschichte

Gegenstände, die in der Geschichte vorkommen, können immer wieder eingesetzt werden, um verschiedene Personen der Geschichte an einem Gegenstand sichtbar zu machen. Das Ganze geht auch mit unterschiedlichen Hüten. Immer, wenn ich einen anderen Hut aufsetze, ändert sich auch mein Charakter und die Person, aus deren Sicht ich erzähle. Dies ist vor allem dann eine tolle Methode, wenn man eine Geschichte hat, die alle Kinder schon kennen.

## Selbst verkleiden, Ich-Perspektive
Man kann in die Rolle der Hauptperson schlüpfen und aus der Sicht dieser Person erzählen. Das ist sehr gut möglich, wenn man in der Vorbereitung versucht hat, sich in eine Person der Geschichte hineinzudenken.

## Mitarbeiter spielen pantomimisch
Einer erzählt und der andere Mitarbeiter spielt ohne Worte (pantomimisch), was der Erzähler sagt. Dabei muss der Erzähler sehr genau darauf achten, dass er auch Körperbewegungen und Gesichtsausdrücke beschreibt, die dann der Akteur umsetzen kann. Auch hier ist es gut, wenn die Geschichte einmal im Vorfeld geübt wird.

## Puppen/Handpuppen
Puppen sind Identifikationsfiguren für Kinder. Wenn die Puppe etwas sagt, hat das oft mehr Gewicht als das, was wir sagen. Sie können helfen, um eine biblische Wahrheit zu wiederholen oder einen Einstieg in die Geschichte zu geben. Aber auch eine Reflexion über die Geschichte und Fragen, die Kinder haben könnten, kann man der Puppe in den Mund legen.

## Experimente/Zaubertricks
Chemische und physikalische Experimente werden vorgemacht, die eine geistliche Wahrheit verdeutlichen können. Auch Zaubertricks helfen zur Aufmerksamkeit. Beides kann aber vom geistlichen Inhalt ablenken und sollte nur zur Ergänzung bzw. zum Start eingesetzt werden.

- *Buchtipp:* Kretzschmar, Thomas: Ausprobiert – Gott entdeckt. 33 Andachten mit Experimenten für Kinder ab 8, Kassel ²2012, erhältlich unter www.bornverlag.de

## ENTSCHEIDUNG FÜR JESUS, DIE BEGEISTERT

Menschen

Jesus ist mein Retter

Gott

Er ist der Dunkeln

Weg vom ins Licht

LEBE

JESUS

# Entscheidung für Jesus, die begeistert

## 1. 80 % entscheiden sich im Kindesalter

Die meisten, ca. 80 % der Christen, haben sich als Kind für Jesus entschieden. Einige haben jedoch Angst davor, Kinder zu einer Entscheidung für Jesus aufzurufen, weil sie selbst oft negative Erfahrungen damit gemacht haben oder sich unsicher fühlen. Einige haben vielleicht erlebt, dass sie selbst oder andere manipuliert wurden oder dass sie eine Entscheidung für Jesus getroffen haben, weil sie „gezwungen" wurden. Manche kennen auch die Angst vor der Hölle, die ihnen vermittelt wurde, sodass sie deshalb eine Entscheidung für Jesus getroffen haben. Oder wir haben die Erinnerung an strenge Pfarrer, die keine Freude an Jesus zeigen, oder an eine strenge Oma, die sagt: „Du musst doch an Jesus glauben, sonst wirst du von Gott bestraft!", oder an Mitarbeiter in der Kinderstunde, die einem mit erhobenem Zeigefinger sagen, dass man böse ist und Jesus nur liebe Kinder mag. Noch viele andere Bilder sind hierzu in unseren Köpfen. Sie sind keine Fantasie, sondern wurden teilweise leider auch so erlebt.

Manchmal begegnen wir Menschen, die als Kind solchen Personen begegnet sind und daher keine Entscheidung für Jesus treffen konnten oder andere zu einer Entscheidung aufrufen möchten. Wir wollen dir aber Mut machen, diese Aufrufe trotzdem zu machen. Denn auch wenn andere dabei Fehler gemacht haben, stellt das ja noch lange nicht Gottes Liebe zu uns Menschen infrage. Es ist darum die schönste Aufgabe, die uns Jesus gegeben hat. Wir dürfen Menschen, insbesondere Kindern Hilfestellung geben, ein neues Leben zu beginnen. Wir können ihnen helfen, eine Entscheidung zu treffen, die das ganze Leben verändert und Sinn bringt. Wir finden es immer wieder toll, dass Kinder von Jesus begeistert werden. Hier ein persönliches Erlebnis:

> *Mir wird es ganz warm – nun ist alles klar!*
> *Die schönsten Wochen im Jahr sind die Kinder-Bibel-Wochen. In diesen Wochen kann man viel Zeit mit den Kindern verbringen und sie näher kennenlernen und prägen. Man kann eine Beziehung zu ihnen aufbauen und oft auch miterleben, wie Jesus ihr Leben verändert. Ich (Jörg) war unterwegs zu einer Kinder-Bibel-Woche, in der es um die „Ich-bin-Worte" Jesu aus dem Johannesevangelium ging. Jeden Tag hatten wir ein anderes „Ich-bin-Wort" und eine passende Geschichte dazu. Am dritten Tag, als die Kinder sich schon etwas kannten, verän-*

*Entscheidung für Jesus, die begeistert*

derte sich für mindestens ein Kind alles. Ich erzählte von Jesus, der sagt: „Ich bin der Weg, die Wahrheit und das Leben!", und dass Jesus mit uns unterwegs sein will. Dazu können wir Ja sagen, dann ist er unser bester Freund. Nach der Geschichte haben wir gebetet und ich habe eine Stille im Gebet gelassen, damit jeder selbst mit Jesus reden konnte. Danach ging es zu unterschiedlichen Spielstationen. Ich bot auch an, dass, wenn jemand mit Jesus eine Freundschaft gestartet hat oder starten will und mit mir darüber reden möchte, ich das gern tun kann. Alle Kinder verließen den Raum außer einem Mädchen (10 Jahre). Sie kam zu mir und erzählte mir Folgendes: „Als du eben mit uns gebetet hast und die Stille war, habe ich zu Jesus gesagt, dass er nun mein Freund sein soll und dass ich ihm vertraue und er mir vergeben soll, was ich falsch gemacht habe! Danach habe ich gespürt, dass mir ganz warm um mein Herz und meinen Bauch wurde. Ich habe wirklich gespürt, wie Jesus nun in mein Leben gekommen ist!" Ich war überglücklich und freute mich mit ihr und sagte ihr, dass sie diese Freundschaft nie vergessen soll und, so wie sie mit anderen Freunden redet, auch immer mit Jesus reden soll. Sie war so glücklich, dass sie sogar vergessen hat, dass um sie herum die anderen Kinder spielten.

## 2. Herausforderungen und Chance für dich als Mitarbeiter

Für Mitarbeiter ist ein Aufruf zur Entscheidung für Jesus immer eine große Herausforderung. Für viele ist der Gedanke, etwas falsch zu machen, sehr groß. Aber es ist eine große Chance und eine große Freude, jemanden zu Jesus zu führen. Jeder, der es mal miterlebt hat, wie ein Kind einen Start mit Jesus gemacht hat, wird dieses wohl nie vergessen, weil dieser Start ihr ganzes Leben verändert. Wenn du von Jesus begeistert bist und dich dieser Herausforderung stellst, wirst du erleben, wie dich Jesus gebraucht. Nutze die Chance, die Jesus dir gibt! Es fordert natürlich auch viel Mut, aber dieser Herausforderung solltest du dich stellen und sie anpacken. Jesus wird dir auch in dieser Aufgabe die richtigen Worte und Gedanken geben. Denn letztlich sind wir nur Vermittler und Wegbereiter. Gott ist es, der in den Kindern den Glauben wecken kann. Und weil Gott auch auf krummen Linien gerade schreibt, kommt er noch viel mehr damit klar, wenn wir uns unsicher sind und vielleicht nicht die richtigen Worte finden. Gott ist größer und hat letztlich alles in der Hand. Darum brauchen wir keine Angst zu haben, etwas falsch zu machen, sondern können Gott die Verkündigung und unser Reden im Gebet anvertrauen und ihn darum bitten, dass er daraus etwas Gutes werden lässt.

## 3. Manipulation – wenn Begeisterung zu weit geht

Kinder sind sehr zugänglich für gute, begeisternde Impulse. Wenn diese auch noch in einer geborgenen Atmosphäre weitergegeben werden, ist die Gefahr groß, dass Kinder Dinge tun, die sie später bereuen. Durch mangelnde Fähigkeit zur Reflexion der Ereignisse ist es Kindern auch nicht möglich, eine Gruppenstunde (v. a. bei 4- bis 7-Jährigen) in angemessener Weise zu beurteilen. Kinder lassen sich leicht begeistern und daher auch leicht manipulieren. Darum ist es wichtig, die Methoden gut zu wählen. Denn eine gute Vorbereitung und ein Gebet bereiten mich und die Kinder vor.
Letztlich ist es Gott, der uns die richtigen Worte und die Erkenntnis schenkt, ob wir gerade dabei sind, die Kinder so zu beeinflussen, dass sie keine freie Wahl mehr haben. Gute und begeisternde Stimmung ist nicht schlimm. Wenn du aber den Eindruck hast, dass die Kinder nur, weil sie in dieser Stimmung sind, Jesus ihr Leben geben, dann ist es hilfreich, die Entscheidung zu „vertagen" und alle, die einen Anfang mit Jesus machen möchten, z. B. nach dem Programm noch dableiben. Dann zeigt sich oft, wer es ernst meint. So kann man der Gefahr von Manipulation und Gefühlsduselei entgehen.

## 4. Entscheidung für Jesus ist eine Antwort

Für die Kinder heißt es daher:

### Eine Einladung sein!
Die Kinder sollen den Aufruf als eine Einladung verstehen. Eine Einladung bekommt man gern und freut sich auch sehr darüber. Wenn die Kinder diese Einladung verstehen und sich auch eingeladen fühlen, ist der erste Schritt ein für sie positiver und angenehmer Anfang. Ein Aufruf zur Entscheidung mit Jesus zu leben ist zuerst eine Einladung.

Ein Beispiel, wie man es den Kindern sagt: *„Jesus schenkt dir diese Einladung, sie ist für dich ganz persönlich! Eine Einladung für eine Freundschaft mit dir!"*

### Ein Schritt der Freiheit sein!
Kinder sollen sich nicht gezwungen fühlen, sondern sollten auch die Freiheit haben, Fragen zu stellen. Eine freie Entscheidung, die ein Kind trifft, können wir als Mit-

*Entscheidung für Jesus, die begeistert*

arbeiter nicht herbeiführen oder schaffen. Dieser Schritt ist eine Reaktion auf das, was Gott mit ihnen vorhat. Druck gehört hier nicht hin!

Ein Beispiel, wie man es den Kindern sagt: *„Du darfst es für dich ganz persönlich entscheiden, du sollt es selbst wollen."*

## Es muss ehrlich geschehen!
Manchmal kommt es vor, dass Kinder eine Entscheidung treffen und sie nicht ehrlich meinen, da sie mitgehen, weil ein Freund oder Freundin zum Gebet kommt. Daher ist es nötig, den Kindern zu sagen, dass es eine ehrliche Entscheidung sein sollte, die auch eine Konsequenz hat und ihr Leben verändert. Die Kinder brauchen Erwachsene, um zu entdecken und zu verstehen, was es heißt, mit Jesus zu leben.

Ein Beispiel, wie man es den Kindern sagt: *„Jesus wünscht sich eine ehrliche Entscheidung und du solltest wissen, dass Jesus genau weiß, wie es dir geht!"*

## Es werden Aktionen folgen
Wenn Kinder eine Entscheidung für Jesus treffen, ist eine Änderung erkennbar. Kinder sollten dann eine Möglichkeit bekommen, anderen von ihrem Glauben zu erzählen und es weiterzusagen. Da ist eine gute Anleitung und Hilfestellung wichtig.

Ein Beispiel, wie man es den Kindern sagt: *„Wenn du mit Jesus unterwegs bist und sein Freund bist, freut er sich, wenn du anderen von ihm erzählst, dass sie auch ein Freund so wie du von Jesus werden können."*

## Geburtsurkunde
Eine Urkunde ist für Kinder etwas ganz Besonderes. Auf diese Weise kann man für die Kinder eine Urkunde mit dem Datum ausstellen, an dem sie sich für Jesus entschieden haben, und evtl. nochmals das Übergabegebet mit auf die Urkunde schreiben. Cool ist es, wenn man auch eine Bibelstelle für das Kind drauf schreiben würde, die für das Kind wichtig ist.

Ein Beispiel, wie man es den Kindern sagt: *„Das ist deine Geburtsurkunde für dein neues Leben mit Jesus!"*

*Entscheidung für Jesus, die begeistert*

Heute, am _____, habe ich _____
mein Leben Jesus anvertraut und möchte mit ihm leben.

Herr Jesus Christus,
ich brauche dich.
Ich habe bisher vieles ohne dich gemacht.
Ich tue immer wieder Dinge, die dir nicht gefallen
und dich traurig machen.
Bitte vergib mir meine Schuld.
Ich bitte dich, komme du in mein Herz.
Ich möchte ab jetzt dein Freund sein
und auf dich hören.
Bitte verändere du mich so,
wie du mich haben willst.
Danke, dass du mich lieb hast. Amen.

**Dein Mitarbeiter wünscht dir ...**

---

**Damit du in deiner Freundschaft zu Gott wachsen kannst ...**

**Gottes Wort**
   Lies die Bibel jeden Tag!

**Gebet**
   Sprich jeden Tag mit Gott!

**Gehorsam**
   Vertraue Gott!

**Gemeinschaft**
   Gehe regelmäßig in die Jungschar, Kinderkirche
   oder eine andere christliche Gruppe!

**Gewinne andere**
   Erzähle anderen von Jesus!

## 5. Formen

Es gibt verschiedene Arten, wie man Kinder zu einer Freundschaft und einem Leben mit Jesus aufrufen oder besser gesagt begeistern kann. Wir stellen hier nun vier Möglichkeiten vor.

### Nach vorne kommen
Hierbei lädt man die Kinder ein, die ein Leben und eine Freundschaft mit Jesus anfangen wollen, nach vorne zu kommen. Dort könnte ein Gegenstand der Geschichte oder das Kreuz stehen. Das Kreuz ist für Kinder aber immer schwer zu erkennen, weil Kinder nicht sofort das Kreuz, an dem Jesus gestorben ist, mit der Freundschaft in Verbindung bringen. Wenn die Kinder dann vorne bei dem Mitarbeiter sind, spricht der Mitarbeiter ein Gebet vor und die Kinder können das Gebet nachsprechen. Dies kann geschehen, indem man Satz für Satz vorsagt und die Kinder es wiederholen.

### Aufstehen
Die Kinder, die einen Start mit Jesus machen wollen, dürfen einfach an ihrem Platz aufstehen und von dort aus mitbeten.

### Sitzenbleiben
Das Sitzenbleiben ist aus unserer Sicht die schönste Möglichkeit. Dort haben die Kinder einen guten Schutzraum, in dem sie persönlich mit Jesus losgehen können. Beim Sitzenbleiben gibt man den Kindern die Möglichkeit, einfach von ihrem Platz aus mitzubeten. Da kann es auch gut sein, dass sich ein Kind Jesus leichter öffnet. Nun wird von vorne aus gebetet und entweder beten alle Mitarbeiter und die Kinder, die wollen, laut mit oder nur die Kinder, die eine Entscheidung getroffen haben. Hier kann man auch die Kinder leise mitbeten lassen. Danach ist es gut und wichtig, die Kinder, die nun eine Freundschaft mit Jesus begonnen haben, zu den Mitarbeitern einzuladen, um ihnen zu erklären, was das dann nun praktisch heißt. Die Mitarbeiter können hier auch Hilfestellungen und Tipps geben, wie man mit Jesus im Alltag nun gut leben kann.

### Persönliches Gespräch
Hierbei wird nach dem Aufruf den Kindern die Möglichkeit gegeben, zu einem Mitarbeiter, hier liegt die Betonung auf „seiner Wahl", zu gehen und mit ihm zusammen zu beten und begleitet zu werden. Dazu lädt man die Kinder nach dem Aufruf und der Geschichte ein, über die Freundschaft mit Jesus nachzudenken, und ermutigt sie dann, zu einem Mitarbeiter zu gehen. Dies ist sehr persönlich und sehr toll.

*Entscheidung für Jesus, die begeistert*

Ein guter Tipp ist auch, dass du dich nicht ganz allein an einen Ort mit einem Kind hinsetzt, sondern an einen gut einsehbaren Ort, wo man trotzdem „für sich" ist. Dies ist für dich zum Schutz, damit dir später kein Missbrauch oder andere Anschuldigungen vorgeworfen werden können. Außerdem fühlt sich das Kind mit dir allein dir nicht hilflos ausgeliefert, sondern der Weg zu gehen bleibt frei.

## 6. Gebete, die man mit den Kindern beten kann

*Jesus, ich danke dir, dass du mich lieb hast.*
*Danke, dass du versprichst, mich nie allein zu lassen.*
*Ich möchte dein Freund / deine Freundin sein.*
*Ich danke dir, dass du mein Freund bist.*
*Ich bitte dich, hilf mir, dass ich das tue, was gut für die Freundschaft mit dir ist.*
*Ich danke dir, dass du mir meine Fehler verzeihst und mit mir unterwegs bist.*
*Danke, dass du mich NIE allein lässt. Amen.*

*Lieber Gott,*
*ich freue mich, dass du mich total lieb hast!*
*Danke, Jesus, dass du mir meine Schuld vergibst.*
*Mit dir möchte ich durchs Leben gehen und dein Freund sein.*
*Ich will mit dir reden und in der Bibel lesen.*
*Danke, dass du immer bei mir bist! Amen.*

*Herr Jesus Christus,*
*ich brauche dich.*
*Ich habe bisher vieles ohne dich gemacht.*
*Ich tue immer wieder Dinge,*
*die dir nicht gefallen*
*und dich traurig machen.*
*Bitte vergib mir meine Schuld.*
*Ich bitte dich,*
*komm du in mein Herz.*
*Ich möchte ab jetzt dein Freund sein*
*und auf dich hören.*
*Bitte verändere du mich so,*
*wie du mich haben willst.*
*Danke, dass du mich lieb hast. Amen.*

# JÜNGERSCHAFT, DIE BEGEISTERT GELEBT WIRD

## Jesus vergibt

# Jüngerschaft, die begeistert gelebt wird

Wenn die Kinder anfangen als Jünger Jesu zu leben, ist eine gute Begleitung nötig. Jesus hat seine Jünger lange begleitet, bis er sie allein losgehen ließ. Er hat aber schon früh Aufträge erteilt, damit sie Verantwortung lernen. Die Jünger von Jesus waren begeistert und die Begeisterung schenkt Jesus uns heute auch noch. Daher ist es wichtig, dass die Kinder ihre Begeisterung auch leben können und dürfen. Hierzu sollten wir die Kinder motivieren und begleiten.

In der Jüngerschaft heißt es erstmal, dass die Kinder lernen, mit Jesus im Alltag zu leben, ihn zu erleben und die Möglichkeit zu finden, anderen etwas von Jesus zu erzählen. Kinderjüngerschaft hat eine starke Auswirkung unter Kindern. Sie bedarf aber auch einer guten Unterstützung durch die Erwachsenen, indem man die Kinder immer wieder motiviert und anleitet, als Freund und Jünger von Jesus auch im Alltag zu leben, selbst wenn es manchmal schwer ist. Wenn Kinder von ihrer Begeisterung anderen Kindern etwas erzählen, hat das immer mehr Auswirkung, als wenn das ein Erwachsener tut.

*„Evangelisation von Kindern durch Kinder – ein Kind führt ein anderes Kind unter das Kreuz, wo es eine lebensverändernde Begegnung mit Jesus machen kann – ist eine der fruchtbarsten und wirksamsten Evangelisationsmethoden für ein Land."*
nach Barna, George: Transforming Children into Spiritual Champions, S. 49, frei übersetzt

## Praktische Begleitungstipps

### 1. Bibellesen
Mit den Kindern Bibellesen, damit sie ein Gefühl für die Bibel bekommen und erleben, was Gott ihnen dort erzählen will. Oft verstehen Kinder nicht, was sie lesen, und du als Mitarbeiter kannst dann Hilfestellung geben.

### 2. Gebet
Den Kindern das Beten zeigen. Wenn Kinder Jünger werden, soll das Gebet eine tägliche Gewohnheit werden, indem sie lernen, mit Jesus zu reden. Hier kannst

du auch den Kindern helfen und ihnen die Angst nehmen, laut zu beten, indem du mit ihnen betest, ihnen Gebete zeigst und ihnen auch zeigst, wie man für andere Kinder beten kann.

## 3. Weitersagen

Wir können den Kindern die Kraft zusprechen, von Jesus weiterzusagen und zu erzählen, was sie mit Jesus erlebt haben. Wenn du ihnen Kraft und Mut zusprichst, indem du ihnen sagst, dass Jesus ihnen die Kraft gibt und bei ihnen ist, werden sie zu Jüngern. Hier ist es auch gut, wenn man eine Möglichkeit findet, sie zu begleiten, oder ihnen einen geschützten Ort geben kann, an dem sie von Jesus erzählen können. Das kann die Jungschar oder ein anderer Ort sein.

# Jesus

**KINDERN DAS EVANGELIUM PRAKTISCH ERKLÄREN**

# Kindern das Evangelium praktisch erklären

Kindern das Evangelium zu erklären, geht auf unterschiedliche Arten. Die nun folgenden Musterstunden sind nach den Modellen von KiMat (www.kimat.de) und JUMAT (www.jumat.de) aufgebaut. Es gibt einige biblische Geschichten, die man erzählen kann, um Kinder für Jesus zu begeistern und ihnen einen Start mit Jesus zu ermöglichen. Natürlich ist es klar, dass nicht wir es sind, die die Kinder zu Christen machen, sondern dass es Gott selbst ist. Aber wenn wir uns gut vorbereiten, können wir ein guter „Geburtshelfer" sein. Kinder können in sehr vielen Geschichten erkennen, dass Gott sie lieb hat und dass Jesus ihr bester Freund sein möchte. Es ist gut, wenn eine Gruppenstunde immer eine andere Methode hat und die Kinder auf unterschiedliche Arten angesprochen werden, sodass jedes Kind auf seine Weise angesprochen wird und die Möglichkeit hat, Jesus zu erleben.

## Aufbau der Gruppenstunden

*Treffpunkt*  Dort ist immer eine kreative Spiel- und Bastelphase, in der die Kinder schon mal auf das Thema vorbereitet werden.

*Knackpunkt*  Dort wird die biblische Geschichte auf unterschiedliche kreative Arten erzählt.

*Doppelpunkt*  Hier geht man in Kleingruppen, um sich dort über die Geschichte in kleiner Runde Gedanken zu machen und persönliche Fragen der Kinder beantworten kann.

*Schlusspunkt*  Hier kommen alle noch einmal zusammen und es wird ein gemeinsamer Abschluss gemacht.

In den Heften (KiMat und JUMAT) gibt es immer noch eine Erklärung zum Text, eine Situationsbeschreibung der Kinder und einen Merkvers, diese lassen wir jedoch hier in den Musterstunden in diesem Buch aus Platzgründen weg.

Ein paar Beispiele für biblische Texte, die gut für eine Stunde passen, in der auch der Aufruf zu einer Freundschaft mit Jesus geschehen soll:

- Die Freundschaft von David und Jonatan (1. Sam 18 – 20) als Beispiel guter Freundschaft wie zwischen Jesus und mir.
- Die Berufung von Petrus (Lk 5) als Beispiel, dass Jesus jeden ruft.
- Die neue Freundschaft mit Zachäus (Lk 19) als Beispiel, dass ein Leben mit Jesus auch Veränderung heißt.
- Der sinkende Petrus (Mt 14) als Beispiel, dass Jesus mir hilft!
- Der liebe Vater (Lk 15) als Beispiel, dass Gott auf mich wartet.
- Jesus ist immer da – Missionsbefehl (Mt 28,18-20) als Beispiel, dass Jesus mir verspricht, dass ich nie allein bin.
- Die Berufung von Paulus (Apg 9) als Beispiel, dass Jesus uns Menschen verändern kann und möchte.
- Die Bekehrung des Äthiopiers (Apg 8) als Beispiel, dass ich als Christ fröhlich unterwegs sein kann.

## 1. Jesus und Zachäus
### Kinderstunde zu Lukas 19

**Treffpunkt: Obstsalat als Geldbeutel**
Die Kinder sitzen in einem Stuhlkreis und bekommen nacheinander „Geldstücke" zugeordnet, d. h., die Kinder sind „1-Cent-Stücke", „2-Cent-Stücke" ... Je nach Größe der Gruppe nimmt man mehrere unterschiedliche Geldstücke. Die Anzahl von jeder Geldmünze sollte gleich sein. Ein Freiwilliger kommt in die Mitte des Kreises und gibt Kommandos wie z. B.: „Alle 1-Cent-Stücke fallen aus dem Geldbeutel." Dann müssen alle Kinder, die ein 1-Cent-Stück sind, den Platz tauschen. Das Kind in der Mitte muss versuchen, sich einen Platz zu ergattern. Wenn es das schafft, muss das Kind ohne Platz in die Mitte und das Spiel geht weiter.

**Knackpunkt**
*Zwei Kollegen von Zachäus unterhalten sich über das neue Verhalten von ihm. Das wird im Dialog gesprochen. Zwei Mitarbeiter verkleiden sich und spielen die nachfolgende Szene vor.*

A: Hallo _____! Sag mal, hast du schon gemerkt, wie komisch der Zachäus zurzeit drauf ist? Der hat sich irgendwie verändert.
B: Wieso? Ist da was komisch? Ich finde es voll gut, was er da macht.

A: Aber er verteilt sein ganzes Geld an die Menschen hier in der Stadt. Ich würde das nicht tun.
B: Ja, das tut er. Und das ist auch gut so. Er hat erkannt, dass er falsch gehandelt und den Menschen zu viel Geld abgenommen hat.
A: Aber wie kommt das plötzlich?
B: Hast du nicht mitbekommen, dass dieser Jesus neulich hier in der Stadt war und die ganze Stadt in Aufregung wegen ihm war?
A: Nein, warum? Was war denn da?
B: Also, es war so, dass Zachäus auch unbedingt Jesus sehen wollte. Und da er so klein ist, musste er auf den Maulbeerbaum klettern, um alles zu sehen. Und dann, als Jesus in die Stadt kam, hat er sofort Zachäus auf dem Baum sitzen sehen und gesagt: „Hey, Zachäus, komm von dem Baum runter. Ich muss heute in deinem Haus essen." Zachäus war völlig begeistert und stieg sofort runter.
A: Halt mal, was haben denn die anderen Menschen dazu gesagt?
B: Tja, die waren natürlich nicht so begeistert, dass Jesus ausgerechnet zu Zachäus geht, der die Leute aus der Stadt immer so ungerecht behandelt. Aber Jesus ließ sich davon nicht beirren und ging zu Zachäus nach Hause. In der Zeit, als Jesus bei Zachäus war, hat Zachäus eingesehen, dass er Fehler gemacht hat, und möchte sich nun ändern.
A: Wie ändern, was tut er denn?
B: Na ja, er gibt jetzt das ganze Geld, das er zu viel eingenommen hat, den Menschen zurück und sogar noch mehr. Jesus hat zu ihm gesagt, dass er jetzt zu Gottes Familie gehört und Jesus jetzt sein bester Freund ist.
A: Das ist ja krass! Das muss ich jetzt mal alles genauer beobachten. Jesus ist ja ein cooler Freund, wenn er einem hilft, sich so krass zu verändern!
B: Ja, das stimmt, und ich bin froh, dass Jesus auch unser Freund sein möchte und uns hilft.
A: Hm, das ist schon cool. Aber kannst du mir vielleicht noch ein paar Fragen zu Jesus beantworten?
B: Ja, das kann ich gern machen. Aber weißt du was? Wir zwei gehen jetzt mal nach draußen und die Kinder werden in kleine Gruppen eingeteilt und dann können wir alle in unseren Gruppen noch mal über die Geschichte in Ruhe sprechen und ich kann dir deine Fragen beantworten.
A: Das finde ich eine gute Idee. Los geht's!

## Doppelpunkt

*Spiel: Schwarzes Schaf*
Alle gehen durcheinander im Raum umher und bekommen immer wieder verschiedene Aufgaben gesagt, wie z. B. „Gebt euch die Hände!", „Klopft euch freundschaftlich auf die Schulter!" usw. Dann wird ein Kind bestimmt, das das schwarze Schaf spielt und nicht mit in diese Aufgaben der anderen eingebunden werden darf, das heißt, dass die anderen Kinder mit jedem diese Aufgaben erledigen dürfen, nur nicht mit dem Kind, das das „schwarze Schaf" ist. Hierbei können ruhig mehrere Runden gespielt werden, damit mehrere Kinder das schwarze Schaf sein können. Danach wird sich über die Situation ausgetauscht, das schwarze Schaf zu sein, also Außenseiter zu sein.

*Input*
Manchmal geht es uns selbst vielleicht wie Zachäus und wir fühlen uns als Außenseiter der Gruppe. Doch bei Jesus ist das egal, bei ihm gibt es keine Außenseiter. Wir müssen nicht erst auf einen Baum klettern, so wie es Zachäus getan hat, damit uns Jesus sieht. Jesus will, dass wir aus unserem Versteck herauskommen und will unser bester Freund sein. Jesu Freund zu sein heißt, dass wir immer jemanden haben, der uns begleitet. Jesus geht mit, egal ob du in den Kindergarten oder in die Schule gehst. Jesus möchte ein Teil von deinem Leben sein. Er hört dir immer zu, egal zu welcher Zeit. Wir dürfen immer mit ihm reden, das heißt also beten. Jesus freut sich, wenn du mit ihm sprichst und mit all deinen Sorgen und Ängsten, aber auch mit dem, was dir Freude bereitet, zu ihm kommst und ihm davon erzählst. Jesus möchte dein bester Freund sein, mit dem du so viele coole Dinge erleben kannst. Von einem Beispiel aus meinem Leben möchte ich euch erzählen ... *(Hier wäre es schön, wenn ein Mitarbeiter ein cooles Erlebnis erzählt, das er mit Gott gemacht hat.)*

Ich möchte dich fragen, ob du auch Jesu Freund sein möchtest. Wenn du ein Freund von Jesus werden willst, dann kannst du gemeinsam mit mir ein Gebet sprechen. Ich werde immer einen Satz vorsagen und du kannst diesen Satz dann nachsprechen. Egal ob laut oder leise. Fühl dich zu nichts gezwungen. Wenn du es möchtest, bete mit.

*Gebet (Beispiele siehe Seite 68)*

## Schlusspunkt
Jeder erhält ein Fehlersuchbild, auf dem Zachäus in einem Baum und Jesus darunter zu sehen ist. Ein solches Bild findet man z. B. unter www.jetztmalen.de/zachaus.htm und muss selbst noch einige Fehler einbauen. Die Fehler müssen nun von den Kindern gefunden werden. Und so, wie wir die Fehler gefunden und uns darüber gefreut haben, dass wir sie alle gesehen haben, freut sich auch Jesus über jeden neuen Freund, der aus seinem Versteck herauskommt. Und weil wir uns auch über Dinge freuen, die wir finden, darf jeder von euch hier im Raum ein kleines Geschenk suchen. *(Geschenke wie zum Beispiel Süßigkeiten zuvor im Raum verstecken. Für jedes Kind eines.)*

## 2. Der Kämmerer aus Äthiopien
### Jungscharstunde zu Apostelgeschichte 8,26-40

## Treffpunkt: Bibelpuzzle
Ein längerer Satz aus der Bibel (da bietet es sich an, schon etwas aus der Geschichte zu nehmen, z. B. Apg 8,35) wird groß kopiert und in die einzelnen Wörter zerschnitten. Die einzelnen Wörter liegen ungeordnet auf einem Tisch. Gemeinsam wird versucht, den Satz in die richtige Reihenfolge zu bringen. Ein Hinweis erklärt, wie die Wörter in eine sinnvolle Reihenfolge gebracht werden sollen. Die Lösung ist an einem angegebenen Ort zu erfragen (z. B. im Raum sind Zettel mit zusammenhängenden Satzteilen versteckt). Es können auch verschiedene Puzzles gleichzeitig im Einsatz sein. Dann sollten die Texte jeweils auf verschiedenfarbigen Blättern kopiert sein.

## Knackpunkt
*Damit die Kinder die Geschichte gut verstehen, wird sie von zwei Kindern vorgetragen. Ein Kind spielt den Philippus (P), ein anderes den Äthiopier (Ä). Der Erzähler (E) wird von einem Mitarbeiter gespielt bzw. gelesen, der dann am Ende auch den Aufruf zu einer Entscheidung für Jesus macht. Hier kann man zwei Stühle zusammenstellen, die den Wagen darstellen. Der Äthiopier hat eine Schriftrolle (DIN-A3-Blatt gerollt) in der Hand. Der Mitarbeiter braucht ein wortloses Büchlein, das man sich einfach selbst aus schwarzer, goldener, roter, weißer und grüner Pappe basteln kann. Die Pappen werden in der Mitte gefaltet und in dieser Reihenfolge zu einem Buch zusammengeklebt.*

E: Unsere Geschichte handelt heute von einem reichen Mann aus Äthiopien. Äthiopien ist ein Land, das in Afrika liegt. Auch geht es um Philippus, der schon ganz viel über Jesus gelernt hat und den Menschen in ganz vielen Städten von Jesus erzählt. Philippus macht sich auf den Weg nach Süden und begegnet dort dem reichen Mann aus Äthiopien, der gerade ein Stück Papier in der Hand hat und laut vor sich hin liest.

P: Hallo! Wie ich höre, liest du gerade ein Stück aus dem Alten Testament aus dem Buch von Jesaja. Verstehst du denn, was da geschrieben wird?

Ä: Nein, ich verstehe es nicht und kenne leider auch niemanden, der mir helfen kann, es zu verstehen.

P: Wenn du willst, kann ich dir helfen.

Ä: Das wäre echt toll von dir. Komm hoch und setz dich zu mir auf den Wagen!

P: *(steigt auf den Wagen hoch)* Also, das, was du da gelesen hast in dem Buch von Jesaja, handelt alles von Jesus. Diese Bibelstelle hat schon vor der Zeit, als Jesus gelebt hat, darauf hingewiesen, dass Jesus einmal am Kreuz für unsere ganze Schuld, unsere ganzen Fehler, die wir machen, sterben wird. Jesus möchte, dass wir mit Gott reden und ihn in unser ganzes Leben miteinbeziehen. Egal was wir tun, Jesus möchte mit dabei sein. Jesus möchte unser bester Freund sein.

Ä: Moment, das verstehe ich jetzt nicht ganz. Was heißt das, dass Jesus unser bester Freund sein möchte?

P: Das heißt, dass Jesus uns immer und überall begleiten möchte. Er möchte uns helfen und für uns sorgen. Jesus möchte immer für uns da sein und möchte, dass wir durch das Gebet mit ihm reden, egal ob es uns gut geht oder nicht. Wir dürfen immer zu Jesus kommen, egal ob Tag oder Nacht. Jesus freut sich, wenn wir mit ihm reden und eine Freundschaft mit ihm beginnen möchten.

Ä: Das ist ja cool! Ich möchte, dass Jesus mein bester Freund wird und ich immer mit ihm reden kann und er für mich sorgt. Doch wie funktioniert das? Kannst du mir dabei helfen?

P: Weißt du was? Da fragen wir am besten den _____ *(Name vom Mitarbeiter)*. Der kann uns das bestimmt richtig gut erklären.

Ä: Ja, das machen wir. Los, lass uns gehen und ihn holen!

*Beide Kinder gehen los und holen den Mitarbeiter, der den Erzähler spielt. Dieser erklärt dann den Kindern, wie sie ein Freund von Jesus werden können und was es heißt, mit Jesus zu leben.*

E: Du möchtest ein Freund von Jesus werden? Ich helfe dir gern dabei. Du kannst Jesus im Gebet sagen, dass du möchtest, dass er dein bester Freund ist und

*Kindern das Evangelium praktisch erklären*

dass du ihn in dein Leben mit einbeziehen möchtest, in alles, was du tust. Jesus freut sich über jeden, der mit ihm befreundet sein möchte. Ich habe im Alter von ____ Jahren eine Freundschaft mit Jesus begonnen. *(Hier sollte der Mitarbeiter erzählen, wie er zu Jesus gefunden hat und warum es für ihn so wichtig ist, mit Jesus zu leben.)*

E: Und hier habe ich etwas, das euch das Ganze noch mal verdeutlicht. Ich habe ein Buch, das ohne Worte sprechen kann. Es spricht anhand seiner Farben. Seht her: Die *schwarze Seite* sind wir Menschen. Wir sind voller Schuld und Fehler und somit von Gott getrennt. Denn Gott ist rein und ohne Fehler, so wie die *goldene Seite* hier. Wie ihr seht, passt die dunkle schwarze Seite nicht mit der schönen goldenen Seite zusammen. Doch wie kann ich dann zu Gott kommen, wenn diese beiden Seiten nicht zusammenpassen? Die *rote Seite* ist Gottes Lösung, um wieder mit ihm eine Freundschaft haben zu können. Diese Seite zeigt uns den Tod Jesu, der am Kreuz für all unsere Fehler, die wir gemacht haben und die wir noch machen werden, gestorben ist. Durch Jesu Tod am Kreuz ist unsere Schuld wie weggewischt und wir sind wieder rein. So wie es die *weiße Seite* zeigt. Wir sind ohne Schuld, da Jesus sie weggenommen hat. Und somit können wir wieder mit Gott eine Freundschaft haben. Und die *grüne Seite* steht dafür, dass wir im Glauben wachsen und Gottes Wort lesen sollen, die Bibel. Jesus möchte unser bester Freund sein.

Wenn ihr auch ein Freund von Jesus sein und mit ihm leben möchtet, dann lasst uns jetzt gemeinsam ein Gebet sprechen. Ich werde immer einen Satz sagen und ihr könnt ihn dann laut nachsprechen. Wenn von euch Kindern jemand Jesus als besten Freund haben möchte, dann steht einfach auf und betet mit uns das Gebet. Doch bitte steh nur zum Gebet auf, wenn du ehrlich eine Freundschaft mit Jesus beginnen willst. Steh nicht auf, weil dein bester Freund oder deine beste Freundin auch aufsteht und du meinst, du musst mithalten. Wenn du aufstehst, dann tu das aus eigener Entscheidung heraus und nicht weil andere es auch tun.

*Gebet (Beispiele siehe Seite 68)*


## Doppelpunkt
In jeder Kleingruppe werden Bibeln benötigt, um mit den Kindern gemeinsam die Geschichte nochmals nachzulesen. Zum Vertiefen der Geschichte sollen nun folgende Fragen anhand des Bibeltextes beantwortet werden:

- Welche Schriftrolle hat der Mann aus Äthiopien gelesen? *Jesaja*
- Wer hat ihm geholfen zu verstehen, was da geschrieben wird? *Philippus*
- Was hat Philippus ihm erklärt? *Die gute Botschaft von Jesus, das heißt, dass Jesus unser bester Freund und immer bei uns sein möchte. Jesus hat immer ein offenes Ohr für uns, egal zu welcher Tageszeit.*

Hier kann nochmals das wortlose Büchlein aufgegriffen werden. Man könnte die Kinder erzählen lassen, was zu jeder Farbe gesagt wurde. Somit kann man auch gleich sehen, ob die Kinder verstanden haben, worum es ging.

## Schlusspunkt

Den Kindern wird nochmals erklärt, was es heißt, ein Freund von Jesus zu sein. Sie haben in Jesus einen Freund, dem sie alle Probleme und auch ihre Freude sagen können. Sie können durch das Gebet mit Jesus zu jeder Zeit reden und durch das Bibellesen können sie mehr von Jesus lernen. Als Abschlusslied bietet sich das Lied „Komm mit, schlag ein" (aus dem Liederbuch „Einfach spitze!", Nr. 9) sehr gut an. Dieses Lied macht nochmals deutlich, dass Jesus mit uns überall hingehen möchte und dass er sich riesig freut, wenn wir eine Freundschaft mit ihm beginnen.

# BAUSTEINE, HILFSMITTEL UND IDEEN

Jesus mag jeden Menschen!

# Bausteine, Hilfsmittel und Ideen von und für Kinderevangelisationen

## 1. Hilfsmittel

Es gibt sehr viele Hilfsmittel, um mit Kindern ins Gespräch zu kommen und ihnen das Evangelium zu erklären. Einige möchten wir hier als Hilfsmittel kurz vorstellen.

### Der WE-WÜ

Der We-Wü ist der Weltveränderer-Würfel. Der Weltveränderer-Würfel ist ein Faltwürfel, anhand dessen mit kindgerechten Bildern den Kindern erklärt wird, wie Jesu Liebe in die Welt kommt und was passiert, wenn ich anfange, davon weiterzusagen. Infos dazu unter www.maexiswelt.de/#VideoWuerfel. Bestellen kann man ihn unter www.liebenzell.org/deutschland/fuer-kinder/material/.

### Das wortlose Buch

Das wortlose Buch ist ein Buch mit fünf Seiten, auf denen keine Worte oder Texte stehen, sondern das nur farbige Seiten beinhaltet. Anhand der fünf Farben kann man auch kleineren Kindern das Evangelium leicht erklären. Wer es nicht selbst basteln möchte (Anleitung siehe Seite 80), kann es unter www.shop.keb-de.org/products/011 bestellen.

### Der EvangeCube/Evangeliumswürfel

Der EvangeCube ist ein Würfel für ältere Kinder und Teens, aber auch Erwachsene lassen sich von diesem Würfel begeistern. In diesem Würfel wird das Sterben und Auferstehen Jesu erklärt und anhand von Symbolen am Ende gezeigt, was ein Christ braucht, um als Christ zu leben.
Infos dazu findet man unter
www.oac-d.de/index.php?id=evangecube, wo man diesen Würfel auch kaufen kann.

## komm mit ...-Verteilheft

Das komm mit ...-Verteilheft ist ein kleines Heft, mit dem Kindern anhand von fünf Symbolen erklärt wird, worum es bei der guten Nachricht von Jesus geht. Es ist eine nette kleine Mitgabemöglichkeit. Es beinhaltet Infos aus der Bibel, ein Übergabegebet und Tipps, wie es danach weitergehen kann. Gegen Spende zu bestellen ist es unter
www.ec-jugend.de/index.php?id=487&groupId=48 .

In diesem Comic werden fünf Symbole erklärt, die diese Entscheidung beschreiben:

Gott hat mein Leben gut erdacht,
doch die Sünde hat's kaputt gemacht.
Und weil wir so nicht zu ihm passen,
hat er Jesus sterben lassen.
Deine Antwort steht noch aus,
hey, sag „Ja!",
dann ist Jesus bei dir zu Haus!

Zu diesen Symbolen gibt es ein Armband, das man in der Kinderzentrale bestellen kann (www.liebenzell.org/deutschland/fuer-kinder/material/).

# 2. Ideen

## Megabaustelle

Die Megabaustelle ist eine große Holzbaustadt, die insgesamt aus über 100 000 Holzbausteinen besteht. Sie bietet die Möglichkeit, dass Kinder ihre kreative Möglichkeiten finden, mit diesen doch sehr einfachen Steinen zu bauen. Im Rahmen der Megabaustelle kann man immer wieder gute Geschichten einsetzen, bei denen es um Bauen geht, z. B. die Lebensgeschichte von Nehemia oder auch Geschichten, bei denen es um Häuser oder Türme geht wie z. B. der Turmbau zur Babel, das Gleichnis vom Haus auf dem Fels oder Salomos Tempelbau. Während der Bauaktionen geht es darum, dass man mit den Kindern zusammen baut und mit ihnen ins Gespräch kommt.

*Bausteine, Hilfsmittel und Ideen von und für Kinderevangelisationen*

Die Megabaustelle ist eine gute evangelistische Möglichkeit, da sie über die Anzahl der Steine eine große Werbemöglichkeit bietet. Die Baustelle ist für Jungs wie für Mädchen interessant. Am Anfang ist das Anleiten in der Baustelle wichtig, in dem man ihnen ein paar gute Impulse zum Bauen mitgibt. Später werden die Kinder von ganz allein so kreativ, dass man darüber immer wieder neu staunen kann. Weitere Informationen zum Projekt der Megabaustelle findet man unter www.megabaustelle.de.

## Lego-Stadt

In Deutschland gibt es einige Lego-Städte, die für Kinderaktionen eingesetzt werden. Die Kinder kommen zum Bauen mit Legosteinen in das Gemeindehaus. Dort können sie mit an einer großen Stadt bauen. Meistens werden einige der Häuser vorgegeben, um die Steine so gut wie möglich einzusetzen.

In den Pausen werden die Kinder in die Welt der Bibel mit hineingenommen. Dabei werden sie bald entdecken, dass die biblischen Geschichten auch mit ihrem Leben heute zu tun haben und dass Gott uns Menschen durch Jesus Christus begegnen möchte. Der gemeinsame Gottesdienst für Klein und Groß mit einer Vernissage rundet die Bautage der Lego-Stadt ab.

Das Spielen, Bauen und evtl. auch mal Erzählen der biblischen Geschichten mit den Legosteinen ist eine schöne evangelistische Möglichkeit. Für die Kinder steckt oft ein sehr guter Lerngedanke mit drin. Viele Kinder haben Legosteine zu Hause. Oft kommt es vor, dass die Kinder sich dann zu Hause diese Steine rausholen, weiterbauen oder sogar die biblische Geschichte nachbauen und nachspielen. Dann haben sie die Geschichte für sich selbst noch mal erzählt und erlebt. Der EC-Sachsen hat diese Lego-Tage schön öfter durchgeführt. Informationen dazu findet man unter www.ec-sachsen.de.

## Kindermissionsfest

Das Kindermissionsfest ist das große Kinderfest der Liebenzeller Mission. An zwei Tagen (an beiden dasselbe Programm) findet ein Kinderfest für Kinder in Bad Liebenzell statt. An diesem Fest steht im Mittelpunkt, dass die Kinder Jesus und die Bibel besser kennenlernen, unsere Missionare erleben, begeistert von Jesus werden und selbst kleine Missionare in ihrem Zuhause werden. Das Kindermissionsfest ist in drei Teile aufgebaut. Als Erstes starten wir mit einem coolen Bühnenprogramm. Missionare erzählen von ihrer Arbeit und die Kinder hören eine Geschichte aus der Bibel. In der Mittagspause gibt es zum Thema des Tages viele Spielstationen und die Missionare können persönlich erlebt werden. Zum Abschluss des Tages erwartet die Kinder noch einmal ein Bühnenprogramm. Meist zieht sich ein Anspiel über den ganzen Tag hinweg durch.

Für alle, die es zu weit nach Bad Liebenzell haben, gibt es auch die Möglichkeit, das Kindermissionsfest on tour zu erleben. Mit einem kleinen Programm, aber demselben Thema, sind wir dann auch in unterschiedlichen Orten unterwegs und lassen uns dazu auch gern einladen.
Mehr Informationen zum Kindermissionsfest unter www.kimife.de.

## 3. Konzepte von unterschiedlichen Kinderevangelisationen

### KidZ

Die Kinderzentrale (KidZ) der Liebenzeller Mission arbeitet mit unterschiedlichen Gemeinden im ganzen deutschsprachigen Raum zusammen. Das Ziel der KidZ ist, Kinder und Mitarbeiter für Jesus zu begeistern. Die Mitarbeiter kommen zum einen, um Gemeinden zu helfen, für Kinder missionarisch aktiv zu werden, und zum anderen, um die laufende Arbeit durch Einsätze in der Gemeinde zu unterstützen.

Dabei passen sie sich ganz bewusst auf die Wünsche, Anforderungen und Gegebenheiten vor Ort an, um den Gemeinden möglichst gut dienen zu können. Hauptsächlich sind die KidZ-Mitarbeiter fit in der kreativen Verkündigung und im direkten Umgang mit Kindern. Darüber hinaus können sie auch Mitarbeiter in unterschiedlichen Bereichen schulen und somit die Arbeit vor Ort unterstützen. Weitere Infos zu Themen, Referenten usw. findet man unter
www.liebenzell.org/deutschland/fuer-kinder/kinderzentrale/

### „komm mit"

„komm mit!" – Mit diesen Worten lädt Philippus seinen noch skeptischen Freund Nathanael zu Jesus ein. Wir können diese Geschichte in Johannes 1,45 ff. nachlesen. Philippus versucht nicht, seinen Freund zu überreden, sondern ermutigt ihn, Jesus persönlich kennenzulernen. Er fordert ihn auf: „Komm mit, sieh es dir an und erlebe selbst, wie Jesus ist."

Genauso wollen wir Kinder einladen, Jesus kennenzulernen und ihn zu erleben. Dazu wurde gemeinsam von den EC-Landesverbänden in Deutschland und dem Deutschen EC-Verband „komm mit" entwickelt. Das ist eine Initiative, die die evangelistische Arbeit mit Kindern unterstützt, begleitet und voranbringt.

„komm mit" wird in Form einer Kinderwoche durchgeführt, bei der Kinder an mehreren Tagen zu Veranstaltungen eingeladen werden. Diese Kinderwoche kann von einzelnen Gemeinden über mehrere Tage einer Woche veranstaltet werden. Es gibt jedoch auch das Modell, dass in mehreren Orten eines Kreisverbandes, eines Bezirkes oder einer Region parallel „komm mit"-Wochen stattfinden. Das hat den Vorteil, dass Synergieeffekte erzielt werden. So sieht man z. B. die Werbeplakate in vielen Orten. Kinder, die in den Schulen eingeladen werden, können zu der „komm mit"-Woche in ihrem Heimatort gehen. Und man kann auch manche Veranstaltungselemente (Großspielgeräte, Künstler) gemeinsam nutzen, da sie nacheinander an unterschiedlichen Orten in der Nähe eingesetzt werden können.

*Folgende Ziele sollen mit „komm mit" erreicht werden*
- Wir wollen mit dem Evangelium Kinder erreichen, die bisher noch nicht in unsere Kreise kommen.
- Wir wollen Veranstaltungen ermöglichen, die von den Mitarbeitern selbst durchgeführt werden können.
- Wir wollen Orte mit „kleiner Kraft" ermutigen und unterstützen, dass sie auch eine solche Woche durchführen können.

Vier Stichworte sollen erklären, was das Anliegen von „komm mit" ist:

*Inhaltsstark*
Es geht bei „komm mit"-Wochen zentral um die packende Botschaft von Jesus Christus und deshalb sollen Kinder eingeladen werden, ein Leben mit Jesus zu führen. Es geht aber auch darum, dass Kinder, die schon in die Jungschar gehen, neu motiviert werden, Jesus nachzufolgen. Eine „komm mit"-Veranstaltung ist auch deshalb inhaltsstark, weil die Kinder für das Leben ermutigt und gestärkt werden.

*Machbar*
„komm mit" ist für kleine und große Gemeinden machbar, weil das Konzept flexibel einsetzbar ist. Es geht nicht um die Quantität einer Veranstaltung. Es ist nicht nur eine gute Woche, wenn viele Kinder kommen, sondern es ist toll, wenn der Inhalt stimmt. Es geht um die Qualität. Wenn eine kleine Gemeinde mit ihrer kleinen Kraft eine Veranstaltung im kleinen Rahmen veranstaltet und es kommen neue Kinder und die eigenen Jungscharler werden ermutigt, dann ist das eine geniale Sache. Die Gemeinden können auch Material erhalten, das sie bei der Durchführung unterstützt. Wenn mehrere Orte parallel „komm mit"-Wochen anbieten, dann kann man auch von den anderen Gemeinden profitieren.

*Attraktiv*
Eine „komm mit"-Woche soll ein Höhepunkt für die Kinder des Ortes sein. Sie erleben eine Veranstaltung mit Spiel, action und guten Inhalten, von der sie begeistert

*Bausteine, Hilfsmittel und Ideen von und für Kinderevangelisationen*

sein können. „komm mit" ist ebenfalls für Gemeinden attraktiv, weil diese Tage auch mit geringem Aufwand durchführbar sind, da vorhandenes Material und Ideen genutzt werden können.

*Nachhaltig*
„komm mit" enthält viele Elemente, um mit den Kindern in Kontakt zu kommen. „komm mit" bietet auch eine Chance, mit den Kindern dauerhaft in Kontakt zu bleiben. Denn es besteht die Möglichkeit, dass durch diese Veranstaltungen die Kindergruppen in der Gemeinde wachsen können. Von Beginn der Planung an wird auch die Nacharbeit mit in den Blick genommen.

Die Gemeinden, die „komm mit" durchführen wollen, erhalten Unterstützung von Mitarbeitern des Deutschen EC-Verbandes und ihrer EC-Landesverbände. Die Unterstützung geschieht durch Mitarbeiter, Werbematerial, Spielideen und einer Materialmappe zur Durchführung.
Alle Informationen erhält man bei der Kinder- und Jungscharbeit des Deutschen EC-Verbandes: kinder@ec-jugend.de oder www.ec-kommmit.de.

## team_ec

Seit 2004 begeistert team_ec Schüler und Kindergruppen mit seinem Programm. Das team_ec besteht aus vier bis fünf jungen Menschen, die im Rahmen eines Freiwilligen Sozialen Jahres für Kinder im Alter von 6 bis 12 Jahren unterwegs sind. Sie werden vom Deutschen EC-Verband professionell geschult und touren durch ganz Deutschland. Ihr Hauptanliegen ist es, Kindern auf kreative Weise christliche Werte zu vermitteln, ihnen christlichen Glauben nahezubringen und sie damit starkzumachen für ihr Leben. Mit einer Mischung aus Spiel, Aktion, Theater, Musik und Geschichten aus der Bibel bieten sie ein buntes und spannendes Programm für Kinder im Alter von 6 bis 12 Jahren.
Einsatzmöglichkeiten: Kindertage, Jungschartage, Kinderweihnachtsfeiern, Ferienspiele, Jungscharwochenendfreizeiten, Schuleinsätze.
Mehr Infos und Buchung des team_ec unter www.team-ec.de.

# 100 % zum Schluss

Unser Leben in Kinder zu investieren, das ist unsere große Leidenschaft. Leuchtende Kinderaugen, fröhliche Gesichter und glückliche Kinder, das freut uns und Jesus. Wir werden nicht aufhören, für Kinder unsere Stimme zu erheben, für sie das Beste zu geben und in jeder Minute versuchen, sie für Jesus zu begeistern.

Kinder sind die Gruppe in unserer Gesellschaft, die für die Botschaft Jesu am einfachsten zu gewinnen sind. Wie im Vorwort geschrieben entscheiden sich 80 % aller Christen im Kindesalter für ein Leben mit Jesus. Wow, welche Chance haben wir, die nächste Generation unseres Landes zu prägen und damit die Zukunft unseres Landes mitzubestimmen. Stell dir vor, wenn diese Kinder, die da vor dir sitzen, später die Entscheidungsträger unseres Landes sind und Entscheidung mit Gottes Kraft und in seiner Weisheit treffen. Das würde unser Land grundlegend verändern. Jede Sekunde und Minute, die wir investiert haben, jedes Lächeln, jede Umarmung und auch jedes ermahnende Wort ist nicht vergeblich.

Paulus schreibt in 1. Korinther 15,58:
„Was ihr für den Herrn tut,
ist nicht vergeblich!"

Es bewirkt mehr, als wir jetzt erahnen können. Der gute Samen wird aufgehen und viel Frucht bringen.

Wir wünschen dir, dass du ein bisschen Lust bekommen hast, dich dieser „Mission" anzuschließen und ebenfalls dein Leben, deine Kraft und Zeit für die einzusetzen, die es wert sind, 100 % zu geben. 100 %, damit viele Kinder, mit denen du zusammen bist, eine Entscheidung treffen, ihr Leben mit Jesus Christus zu leben. Das könnte unser Land verändern.

**Auf geht's!**

# Links

## Hilfreiche Links zur Weiterarbeit

**www.forum2004children.com**
Hier findet man Ergebnisse aus dem Kongress für Weltmission und weitere hilfreiche Links.

**www.Kindergebetstag.de**
Dort kann man folgendes Arbeitspapier downloaden: Den Kindern eine Chance! Wie Kinder das Evangelium erfahren können. Herausgegeben im Namen des Arbeitskreises „Kinder in Kirche und Gesellschaft" der Deutschen Evangelischen Allianz 2006. Deutsche Fassung des Lausanne-Themenhefts Nr. 47. Angefertigt von Arbeitsgruppe 18 zum Thema „Evangelisation of Children" auf dem Forum für Weltevangelisation 2004. Copyright des Originals 2005 Lausanne-Komitee für Weltevangelisation.

**www.unicef.de**
Der UNICEF-Bericht zur Lage der Kinder in Deutschland. Unter „Presse" findet man weitere interessante Berichte.

**www.bmfsfj.de/BMFSFJ/Service/Publikationen/publikationen,did=196138.html**
Hier kann man den 14. Kinder- und Jugendbericht der Bundesregierung kostenlos erhalten.

# Hinweis zu den Bibeltexten

Wenn nicht anders vermerkt, sind die Bibelstellen aus dem AT aus der Übersetzung Hoffnung für alle® zitiert (Copyright© 1983, 1996, 2002 by International Bible Society®. Verwendet mit freundlicher Genehmigung des Verlags); die Bibelstellen aus den Psalmen aus der BasisBibel Psalmen (Copyright© 2012 Deutsche Bibelgesellschaft, Stuttgart. Abdruck mit freundlicher Genehmigung); die Bibelstellen aus dem NT aus der BasisBibel. Das Neue Testament (Copyright© 2010 Deutsche Bibelgesellschaft, Stuttgart. Abdruck mit freundlicher Genehmigung).

# Die KidZ (Kinderzentrale) der Liebenzeller Mission

Die Kinderzentrale der Liebenzeller Mission (www.liebenzell.org) hat als Ziel, Kinder und Mitarbeiter für Jesus Christus zu begeistern und sie zu kompetenten Multiplikatoren (Jüngerschaft) zu machen.
Dies geschieht in der Unterstützung der örtlichen Gemeinden und durch die Förderung des Missionsgedankens in verschiedenen Bereichen. Konkret heißt dies im Bereich der Arbeit mit Kindern:
Wir unterstützen Mitarbeiter von Gemeinden in dem Anliegen, Kinder mit dem Evangelium zu erreichen. Dies kann in Form von Kinder- und Schülerwochen, Kindernachmittagen, Wochenendfreizeiten, missionarischen Einsätzen, Mitarbeiterschulungen usw. geschehen.

Außerdem bieten wir (www.lm-kidz.de):

*Kindermissionsfeste (www.kimife.de)*
Die absoluten Höhepunkte für Kinder sind die europaweit größten Kindermissionsfeste am Sonntag vor Himmelfahrt und an Himmelfahrt selbst. Infos können ab Mitte März bei der Liebenzeller Mission angefordert werden. Kinder von 8-12 Jahren sind nach Bad Liebenzell eingeladen, um an einem spannenden Programm mit Liedern, einer biblischen Geschichte, Missionaren aus aller Welt, einem prallvollen Mittagspausenangebot teilzunehmen!

*Großspielgeräte und Megabaustelle (Bilder unter www.lm-kidz.de)*
Für Feste und besondere Veranstaltungen sind große Spielgeräte hilfreich. Spiele wie Lebendkicker, Glücksrad, Mohrenkopfschleuder können bei uns ausgeliehen werden. Bis zu 100 000 Bausteine (Parkettholz) unserer Megabaustelle schlummern in unserem Lager und freuen sich darauf, von Kindern verbaut zu werden.
Einfach eine Mail an kidz-material@liebenzell.org schreiben.

*Die KidZ (Kinderzentrale) der Liebenzeller Mission*

*Zeitschrift GO!*
Speziell für Kinder erscheint alle 2 Monate eine Kinderzeitschrift, in der Kinder die weltweite Arbeit der Liebenzeller Mission auf bunte und kreative Weise kennenlernen können. Infos und Bilder dazu gibt es auf unserer Kinderinternetseite www.mäxiswelt.de.

*Kinderinternetseite www.maexiswelt.de*
Hier können Kinder erfahren, was Jesus in der ganzen Welt tut. Mit Spielen, Rätseln und Videos entdecken die Kinder so auf interaktive Weise die weltweite Arbeit der Liebenzeller Mission.

*Besuch im Missionsmuseum*
Interessant ist es, mit Kindern das Missionsmuseum zu besuchen und in Bad Liebenzell eine Führung zu erhalten. Um einen Termin zu buchen einfach eine Anfrage an info@liebenzell.org senden.

## Weitere Titel der Autoren

Daniel Sowa
### mitgereist - mitgemacht
#### 10 internationale Kinderbibeltage
10 Bibelarbeiten über Petrus können zu unterschiedlich langen Kinderwochen, Kinderbibeltagen, Schülerbibelwochen und einem Familiengottesdienst zusammengestellt werden. In 9 Ländern der Welt können Kinder spielerisch erfahren, wie Missionare von Jesus erzählen.

Jörg Bartoß
### Auf Stadt-Spiel-Tour
#### Einführung in die Spielpädagogik
Spielen heißt, sich und andere kennenlernen und mit Freude dabei etwas lernen. Die hier zusammengestellten Grundlagen der Spielpädagogik erklären, wie das geht und auf was man dabei achten muss. Eine aktive Deutschlandreise setzt die Theorie direkt in die Praxis um. Mit vielen Vorlagen.

# Mehr Medien für Mitarbeiter

Infos und Leseproben unter www.bornverlag.de

Thomas Kretzschmar (Hrsg.)
## denk mal
### Arbeit mit Kindern entwickeln und gestalten
Dieses Handbuch für Mitarbeiter in der Arbeit mit Kindern von 3 bis 12 Jahren liefert vielfältiges Wissen zu den Fundamenten der Arbeit, zu Praxisthemen sowie Methoden und eine Schritt-für-Schritt-Anleitung zur Konzeptentwicklung für die eigene Arbeit.

Alexander Neuherz
## Alle unter einem Dach
### Kinder- und Jugendarbeit für die ganze Familie
Ein Buch für alle, die Kinder- und Jugendarbeit nicht nur als Teil der Gemeindearbeit sehen, sondern auch als Schlüssel zu den Familien. Der Leser wird von der Projektfindung und -entwicklung bis zur Durchführung einer Familien einladenden Aktion oder Veranstaltung Schritt für Schritt begleitet.

Carola L'hoest, Daniel Sowa, Silke Herdecker, Thomas Kretzschmar
## Glaube@Familie
### Material für Gemeinden, Familien zu begleiten
Wie kann eine Familie ihren Alltag christlich prägen? Wie kann die Gemeinde die Familie darin ermutigen und begleiten? Dieses Buch liefert Ideen dazu. Im Zentrum stehen 3 Familien-Impuls-Tage. Sie geben eine Anleitung, wie Gemeinden mit Familien Glaube zu Hause im Alltag zu leben einüben können.

Heiko Metz, Markus Ocker (Hrsg.)
## So macht Jugendarbeit Schule
### Wie Gemeinden an Schulen aktiv werden
Gemeinden, die trotz länger werdenden Schultagen und sinkenden Teilnehmerzahlen in den Gruppen Jugendarbeit machen wollen, brauchen neue Wege. Einer führt in die Schulen. 29 Autoren von 19 Organisationen verraten Konzepte, Praxis und konkrete Ideen.